Reinhart Lempp

Das Kind im Menschen

Nebenrealitäten und Regression – oder:
Warum wir nie erwachsen werden

unter Mitarbeit von
Franziska Demoulin-Lempp

Klett-Cotta

Klett-Cotta

© J. G. Cotta'sche Buchhandlung Nachfolger GmbH, gegr. 1659

Stuttgart 2003

Alle Rechte vorbehalten

Fotomechanische Wiedergabe nur mit Genehmigung des Verlags

Printed in Germany

Umschlag: Finken & Bumiller, Stuttgart

Gesetzt aus der Adobe Garamond von

Offizin Wissenbach, Höchberg bei Würzburg

Auf säure- und holzfreiem Werkdruckpapier gedruckt

und gebunden von Kösel, Kempten

ISBN 3-608-94062-6

Bibliographische Information Der Deutschen Bibliothek

Die Deutsche Bibliothek verzeichnet diese Publikation in der

Deutschen Nationalbibliographie; detaillierte bibliographische

Daten sind im Internet über <http://dnb.ddb.de> abrufbar

*Für Annegret
und in Erinnerung an Guy*

Imagination is more important than knowledge.
Albert Einstein

Inhalt

Vorwort und Dank

Wenn man fast 50 Jahre lang als Psychiater, genauer: ganz überwiegend als Kinder- und Jugendpsychiater tätig war, dann kann es nicht ausbleiben, daß man die Kinder, die man kennt und kennenlernt, mit den erwachsenen Menschen um sie herum vergleicht und ihr Verhältnis zueinander näher betrachtet.

Dabei war mir nicht das Medizinische, die Psychopathologie, das Krankhafte und Abnorme das Wichtigste – das drängte sich einem auf und nahm einen täglich in Anspruch, war aber nicht das Zentrale –, das Zentrale, das war das Verhältnis zwischen dem Kind in seinen unterschiedlichen Alters- und Entwicklungsphasen und der das Kind umgebenden Welt, seinen Eltern, den Erwachsenen, der Gemeinschaft mit ihren Normen und Gesetzen. Diese Beziehung zwischen den Generationen, über die ich beim Soziologen Kurt Lüscher (1998) einiges gelernt habe und die die Menschen von ihrer Geburt bis zum Tode begleitet, zwischen Persönlichkeit und Gemeinschaft, zwischen Selbständigkeit und Abhängigkeit, zwischen Nähe und Distanz, in ihrer Zwiespältigkeit und Ambivalenz, und die in der Liebe zueinander zwischen Bindung und verwandtschaftlicher Pflicht enthalten ist – all dies hat mich immer besonders interessiert.

Es war ein langer Weg, bis ich erkennen konnte, daß das Kind der Menschheit bestes Teil ist. Der Mensch kann sich nie ganz von seiner Kindheit lösen, was meistens ein großes Glück ist, manchmal auch ein tragisches Schicksal sein kann. Das Kind in ihm hindert den Menschen, reif zu werden, nur nach Verstand und Vernunft zu handeln, nur noch seine linke Hirnhälfte zu benutzen, erhält ihm aber dafür Humanität und alles, was zur Kultur gehört, was den Menschen menschlich sein läßt.

Das alles hat zu diesem Buch geführt, und es war kaum zu vermeiden, daß es eine Art Zusammenfassung all dessen ist, was mir im Laufe dieser Jahrzehnte deutlich und wichtig geworden ist.

Meiner Tochter, Franziska Demoulin-Lempp, tätig als Psychomotricienne – das ist eine spiel- und körpertherapeutisch orientierte Psychotherapeutin – an der Klinik für Kinder- und Jugendpsychiatrie an der Universität Reims (Ärztlicher Direktor: Prof. Dr. G. Schmit), danke ich für vielfältige Anregung, Ergänzung und Korrektur durch ihre eigene Erfahrung. Allen meinen Kindern, inzwischen schon längst selbst Eltern mit großen und kleinen Kindern, danke ich dafür, daß sie mir gezeigt haben, wie wichtig es ist, früh selbständig zu werden, in vielfacher Weise und an sehr verschiedenen Orten und mit unterschiedlichen Aufgaben, und wie man das an seine Kinder weitergibt. Viele Freundinnen und Freunde, frühere Mitarbeiterinnen und Mitarbeiter, Kolleginnen und Kollegen haben mir bewußt und unbewußt vieles beigebracht und anregend vermittelt, wofür ich hier danke.

Zuletzt und vor allem danke ich meiner Frau für unermüdliche Begleitung, geduldige Hilfe, kritischen Rat und ihre Art, die das alles möglich gemacht hat; ihrer Schwester Lieselotte Büchner danke ich für verlegerischen Rat und kompetente Korrektur.

Reinhart Lempp, Winter 2002/2003

Einleitung –
Drei Erfahrungen

Die erste:

In der Kinderpsychiatrie der Universität Reims wurde wiederholt beobachtet, daß manche autistische Kinder in der Vorgeschichte, im frühesten Säuglingsalter, schmerzhafte Krankheiten durchgemacht hatten, zum Beispiel Mittelohrentzündungen oder andere Erfahrungen, die mit Schmerzen verbunden sind, wobei diese von den Eltern nicht erkannt oder auch aus anderen Gründen nicht beachtet wurden. Jedenfalls erfuhren die Kinder in dieser Schmerzphase offenbar keine besondere Zuwendung und damit keine entlastende Hilfe, insbesondere keine Anerkennung der Schmerzen, eines vom Säugling als existenzbedrohend empfundenen Zustandes. Diesen Zusammenhang kann ich inzwischen an Einzelfällen bestätigen.

Aus solchen für das Kind schmerzhaften Erfahrungen, denen es hilflos ausgeliefert ist, lernt es offenbar frühzeitig und nachhaltig, daß die Umwelt nicht für es da ist, nichts mit ihm zu tun hat und daß es dabei allein bleibt, jedenfalls, daß von außen keine Hilfe und Entlastung kommt. Es lernt, daß verstehender Kontakt nicht angeboten wird. Eine solche frühe Erfahrung mit der Umwelt kann dazu führen oder zumindest dazu beitragen, daß das Kind sich auf das Alleinsein, auf seinen Autismus, zurückzieht. Es kann die Ambivalenz zwischen Geborgenheitsbedürfnis und Alleinsein mit seinen Schmerzen, diese Unsicherheit, noch nicht aushalten.

Die zweite:

Bei einigen angeborenen, durch eine Abweichung in der Anordnung der Gene bedingten Entwicklungsstörungen, sogenannten Chromosomopathien, geht die Medizin davon aus, daß neben einer geistigen Behinderung unvermeidlich auch eine schwere Kontaktstörung besteht und sich oft stereotype Bewegungen entwickeln. Das gilt z. B. für die Trisomie 21, das Down-Syndrom – früher sprach man vom Mongolismus – oder auch für das Angelman- oder happy-puppet-Syndrom des Chromosoms 15. Das Angelman-Syndrom zeigt sehr häufig neben geistiger Behinderung auch ein autistisches Bild und stereotype Bewegungsauffälligkeiten. Alle diese Symptome sind – so nimmt man allgemein an – durch die chromosomale Anomalie bereits genetisch festgelegt (Züblin 1969; Williams, Angelman et al. 1995).

Eine frühzeitige, alsbald nach der Geburt einsetzende Beratung und intensive Unterstützung der Eltern im Umgang mit ihrem behinderten Kind verhindert jedoch nach den Erfahrungen der Kinderpsychiatrie der Universität Reims zwar nicht die geistige Behinderung, wohl aber regelmäßig die autistische Kontaktverweigerung des Kindes und vor allem seine Stereotypien.

Die dritte:

Von Johann Wolfgang von Goethe stammt die Ballade »Die wandelnde Glocke«

> Es war ein Kind, das wollte nie
> Zur Kirche sich bequemen,
> Und sonntags fand es stets ein Wie,
> Den Weg ins Feld zu nehmen.
>
> Die Mutter sprach: Die Glocke tönt,
> Und so ist dirs befohlen,
> Und hast du dich nicht hingewöhnt,
> Sie kommt und wird dich holen.
>
> Das Kind, es denkt: Die Glocke hängt
> Da droben auf dem Stuhle.
> Schon hats den Weg ins Feld gelenkt,
> Als lief' es aus der Schule.
>
> Die Glocke Glocke tönt nicht mehr,
> Die Mutter hat gefackelt,
> Doch welch ein Schrecken hinterher!
> Die Glocke kommt gewackelt.
>
> Sie wackelt schnell, man glaubt es kaum;
> Das arme Kind im Schrecken,
> Es läuft, es kommt als wie im Traum;
> Die Glocke wird es decken.

Doch nimmt es richtig seinen Husch,
Und mit gewandter Schnelle
Eilt es durch Anger, Feld und Busch
Zur Kirche, zur Kapelle.

Und jeden Sonn- und Feiertag
Gedenkt es an den Schaden,
Läßt durch den ersten Glockenschlag
Nicht in Person sich laden.

Das Gedicht schildert den Wahn eines Kindes. Da es sich um ein Kind handelt, wird er jedoch nicht Wahn genannt, obwohl alle Kennzeichen eines solchen vorhanden sind.

In einem Seminar für Sozialpädagogen berichtete ich einmal von einem etwa 15jährigen Jungen, der an einem typischen Wahn litt. Ein Student äußerte Zweifel mit dem Bemerken, er könne sich erinnern, daß er als Kind Ähnliches gedacht und empfunden habe. Auf meine Rückfrage, wie alt er denn damals gewesen sei, meinte er, er sei sich nicht sicher, aber er habe noch nicht die Schule besucht. Darauf konnte ich ihm sagen, daß er im Alter von etwa fünf oder sechs Jahren noch keinen als krankhaft zu bezeichnenden Wahn gehabt habe. Wenn er jedoch dasselbe mit 12 oder 15 Jahren so erlebt hätte, dann wäre dies nach der Definition der Wissenschaft der Psychiatrie krankhaft gewesen.

Ein Zusammenhang

Der Wahn des Kindes und der eines Erwachsenen, dieselbe psychische Ausdrucksform, dasselbe Erlebnis und dieselbe Empfindung können also, je nach Alter, als krankhaft oder als normal bezeichnet werden. Tatsächlich liegt der Unterschied in der Fähigkeit, Erlebnisse und Erfahrungen nicht in kindlicher Weise auf sich selbst zu beziehen, sondern als davon unabhängig zu beurteilen, eine Fähigkeit, die ein Kind in den ersten Lebensjahren in zunehmender Sicherheit erlernt. Das Kind überwindet diese Erlebnisform, den Egozentrismus (Piaget 1926), der es sich selbst als Mittelpunkt allen Geschehens vorstellen und erleben läßt, erst im Laufe der Zeit. Der erwachsene Wahnkranke fällt dagegen wieder in diesen Egozentrismus, also in eine kindliche Entwicklungsstufe zurück, er regrediert.

Schon Melanie Klein (2001) sah diese Zusammenhänge zwischen Psychosen, speziell der Wahnkrankheit, der Paranoia und der kindlichen Angstabwehr. Sie beschrieb die vom Kind phantastisch verzerrten Bilder der realen Objekte, die von ihm nicht nur in die Außenwelt, sondern auch in das eigene Ich verlegt werden. So komme es, daß ganz kleine Kinder durch Angstsituationen gehen, deren Inhalt dem der Psychosen Erwachsener vergleichbar sei. Umgekehrt entsprechen die Psychosen Erwachsener den kindlichen Denk- und Erlebnisformen, also einer Regression. Wir werden darauf noch näher eingehen.

Auch Kinder bleiben in frühen Entwicklungsschritten stecken oder fallen auf sie zurück. Der Autismus eines Kindes, das sich in einer lebensfeindlichen Situation, etwa durch Schmerzen verursacht, allein gelassen und hilflos, das heißt, in diesem frühen Alter unentlastet und ungeborgen gefühlt hat, kann auch als eine Folge des Fehlens entwicklungsnotwendiger Schutzerfahrung gedeutet werden. Autismus ist ganz allgemein ein innerer Rückzug auf eine frühere psychische Entwicklungsstufe, in der das Kind nur einen instinktiven Kontakt zu seiner Umwelt aufgenommen hat. Es gibt sicher auch noch andere Ursachen für die Entstehung eines frühkindlichen Autismus. Die hier geschilderten Kinder haben – davon kann man ausgehen – die Erfahrung gemacht, daß sie in bedrohlich erlebter Situation allein sind, und haben im entscheidenden Moment keine hinreichende Möglichkeit gehabt, »Kontakt zu lernen«. Dies ist eine Regression oder, besser, ein teilweises Stehenbleiben auf einer ganz frühen Entwicklungsstufe. Das Kind kann seine bei Geburt mitgebrachten und bereitstehenden Fähigkeiten, auf Zuwendung positiv zu reagieren, nicht entwickeln, weil es in einer entscheidenden Situation – vielleicht aus ganz unterschiedlichen und manchmal zufälligen Gründen – keine positive Antwort und Hilfe erfahren konnte.

Die frühe Schmerzempfindlichkeit mit eventuell bleibenden Folgen ist noch nicht sehr lange bekannt. Noch vor einigen Jahrzehnten war man in der Medizin der Meinung, Neugeborene hätten keine Schmerzempfindung. Dabei ist nicht der Schmerz die entscheidende negative Früherfahrung, sondern das Allein-gelassen-Sein mit dem Schmerz ist die negative Erfahrung, welche traumatisiert. Jüdische männliche Säuglinge werden rituell durch die Beschneidung ohne Anästhesie mit Schmerz konfrontiert. Sie erfahren aber gerade in diesem

Zusammenhang ein besonderes Maß an Zuwendung, was ganz offensichtlich ein nachhaltiges Trauma verhindert. Was traumatisiert, ist der unerkannte Schmerz des Säuglings, der keine Beachtung und Zuwendung findet.

Es gibt noch weitere Beobachtungen, welche auf entscheidende Weichenstellungen in der frühen Lebenszeit, im frühen Säuglingsalter, vielleicht auch schon auf die Zeit im Mutterleib, hinweisen. Der in Frankreich lebende Holländer Veldman (1996) betont die grundsätzliche Bedeutung frühkindlicher, insbesondere intrauteriner, Berührungserfahrungen, in denen er eine Grundlage der Affektivität sieht. Es erscheint durchaus einleuchtend, daß das Tastgefühl als die wohl erste Sinnesempfindung des werdenden Menschen eine Basiserfahrung für die spätere Beziehung zur Umwelt bedeuten kann.

Möglicherweise gilt dies grundsätzlich für alle frühen sensorischen Erfahrungen. Es gibt Säuglinge, welche sich mit ihrem Blick nicht zuwenden, obwohl sie nicht blind sind. Sie wirken zunächst wie autistische Kinder. Sobald sie aber eine entsprechende Brille erhalten, wenden sie sich dem neuen optischen Reiz zu und reagieren ganz normal. Sie akkommodieren offenbar nicht spontan. Unklar bleibt aber, ob sie nicht akkommodieren können oder ob sie nur nicht »wollen«, das heißt, ob sie gewissermaßen kein Interesse oder keine Veranlassung haben, das, was sie mit dem Auge aufnehmen, auch »scharf einzustellen« (Hyvärinen 1998). Jedenfalls wäre es sinnvoll zu überprüfen, ob »negative«, z. B. schmerzhafte Erfahrungen unter bestimmten Umständen dazu führen können, daß einzelne sensorische Bereiche sich nicht oder nur teilweise entwickeln.

Eine mögliche Ursache für die Entstehung solcher psychischer Entwicklungsstörungen könnte eine kognitive Teilleistungsstörung oder Teilleistungsschwäche (Graichen 1973, 1979) sein, die ja oft auch eine Voraussetzung für die Entstehung eines frühkindlichen Autismus ist (Lempp 1992a). Diese Teilleistungsstörungen können, das wissen wir, auch erblich bedingt sein oder durch organische cerebrale Alterationen in der frühen Entwicklung, intrauterin, perinatal oder im ersten Lebensjahr, entstehen.

Sicherlich sind solche frühen negativen Erfahrungen ohne helfende und mitfühlende Kontaktaufnahme durch die Umwelt für das Entstehen eines frühkindlichen Autismus nicht die einzigen Gründe. Es kommt wohl eine individuelle Empfindlichkeit, eine gesteigerte Reizempfindlichkeit, dazu. Bei autistischen Kindern finden wir neben diesen Teilleistungsstörungen auch auffallende Überempfindlichkeiten, zum Beispiel gegenüber Tönen und Geräuschen in einer Lautstärke, die sonst nicht als unangenehm empfunden wird.

Manche der bisher als unvermeidlich, da genetisch determiniert angesehenen Verhaltensweisen bei geistig behinderten, genetisch gestörten Kindern sind durch entsprechende Betreuung vermeidbar, was zu einer sehr viel besseren Integration der Kinder in die Familie und die Gesellschaft führen kann. Damit sind aber das autistische Sich-Abkapseln, die vermeintlich angeborene Unfähigkeit zur Kontaktaufnahme wie auch die autistischen Bewegungsstereotypien dieser Kinder als Fehlentwicklungen infolge von fehlenden helfenden Kontaktangeboten in frühester Entwicklungsphase und nicht nur als ein essentiell mit der Chromosomopathie verbundenes Symptom zu verstehen. Es ist verständlich, daß der Schock nach der Gewißheit, ein behindertes, gar ein sichtbar behindertes Kind zu haben, dazu führen kann, daß die Eltern in ihrer ersten Kontaktaufnahme mit diesem Kind Hemmungen haben und sich sowohl emotional als auch im sogenannten Handling und Holding (im Sinne des englischen Kinderarztes Winnicott, 2000) zurückhalten. So verzichten sie eventuell auf eine Geburtsanzeige oder auf den Kauf neuer Babykleidung, was sich dann auf die Beziehung zwischen Kind und Eltern indirekt negativ auswirken kann. Es ist für die betroffenen Eltern oft schwer, diesen Schock zu überwinden, und sie benötigen dazu eine gewisse Zeit und auch intensive Hilfe, denn die enge, positive Zuwendung ist gerade bei diesen Kindern offenbar ganz besonders wichtig. Bleibt die Zuwendung aus, kann es bei ihnen zu einem Stehenbleiben auf frühester Entwicklungsstufe kommen und damit auch zu einer Art Rückzug, einer Regression.

Die Bedeutung einer frühen Erfahrung von Sicherheit und Geborgenheit ist eine alte klinische Erkenntnis, die allerdings immer wieder in Zweifel gezogen oder in ihrer Bedeutung relativiert wird. Wie wichtig diese Basiserfahrung eines Kindes am Beginn seines Lebens ist, wird in der kinderpsychiatrischen Praxis vielfältig an Adoptiv- und Pflegekindern bestätigt. Besonders deutlich aber wurde es an dem grausamen Schicksal von Kindern, die während der nationalsozialistischen Verfolgung als Säuglinge oder Kleinkinder, von ihnen fremden Menschen verborgen, im Versteck überlebt haben. Wegen ihrer eigenen Gefährdung und der ihrer Betreuer konnten sie vielfach nur ein Minimum an Zuwendung erfahren. Sie alle zeigten später typische psychosoziale Störungen (Keilson 1979, Lempp 1979).

Alle drei Erfahrungen weisen darauf hin, daß *Regression* auf eine frühe Entwicklungsstufe oder das Stehenbleiben auf einer solchen ein grundsätzliches Prinzip in der psychischen Entwicklung und Fehlentwicklung darstellt, sei es als Schutz vor Überforderung durch die Umweltbedingungen, sei es als Verweigerung weiterer Entwicklung zur Vermeidung von Überforderung. Zu Rückschritten, ja, zur Rückkehr in kindliche Erlebens- und Reaktionsformen kann es auch – wie wir noch sehen werden – im Erwachsenenalter und während des ganzen Lebens kommen. Es stellt sich dem klinisch tätigen Psychiater und dem Anthropologen sogar die Frage, wie weit diese Fähigkeit zur Rückkehr in das kindliche Verhalten und das Stehenbleiben in der Entwicklung zur psychischen Reife nicht ein Grundelement des menschlichen Wesens ist. Dieser Frage soll hier nachgegangen werden.

Das Wesen der Regression

Unter Regression versteht man die Rückkehr zu Verhaltens- und Reaktionsweisen, zu Beziehungsformen und zu Wahrnehmungs- und Interpretationsweisen, die der Betreffende in seiner psychischen, geistigen, emotionalen und sozialen Entwicklung schon überwunden hatte. Der Begriff stammt aus der Psychoanalyse. Freud (zitiert nach Jones 1960) bezeichnete damit die Art, »auf ein späteres Erlebnis gemäß den früheren Assoziationen zu reagieren«, und damit auch einen Abwehrmechanismus. Der ungarische Psychoanalytiker Michael Balint (1988) sieht in der Regression einen dynamischen Faktor »jeder psychischen Krankheit, sei es Neurose oder Psychose«, nämlich »die Errichtung einer primitiveren an Stelle der reifen Art von Befriedigung und Objektbeziehung«. Dies werde erreicht, »indem die Entwicklung stille steht, das heißt durch Fixierung, oder indem man von der erreichten Entwicklungsstufe zurückfällt, also durch Regression«.

Mein verstorbener Kollege und Freund, der Psychoanalytiker Wolfgang Loch (1972), setzte die Regression mit Entdifferenzierung gleich, »welche die erforderliche Voraussetzung für jeden Neubeginn« schaffe. Nach Loch (1967) ist die Regression der Hauptabwehrmechanismus in der Psychose. Der Psychotiker suche dem Konflikt in der Gegenwart auszuweichen, indem er sich in die Vergangenheit zurückzieht. Es stellt sich aber die Frage, ob die Regression nur bei der Psychose, das heißt bei psychischen Krankheiten und Störungen ihre besondere Bedeutung hat und nicht vielleicht auch im normalen menschlichen Verhalten. Darum soll es in diesem Buch vor allem gehen.

Auch nach Emil Bleuler lassen sich in der gesunden wie in der gestörten Persönlichkeitsentwicklung viele Zusammenhänge am besten mit dem Begriff der Regression dem Verständnis naheführen. Allerdings bezieht er sich in seinen Beispielen besonders auf das kleinkindliche Verhalten. Darüber hinaus zeigt er die Regression am Verhalten des Erwachsenen im Falle schwerer körperlicher Krankheiten, in der Altersschwäche, wenn sie »kindisch« werden. Als die pathologische Form nennt er den andauernden Infantilismus bei persistierender kindlicher Bindung, etwa der Tochter an die Mutter unter gleichzeitiger Verkümmerung anderer menschlicher Beziehungen.

Vielfach werden auch der psychische Abbau im Alter, der Alterstarrsinn und die Demenz als Regression bezeichnet. Ich halte das für falsch, weil dieser Prozeß keine aktive Rückwendung in die psychischen Verhältnisse der Kindheit ist, sondern ein organischer Abbau der Gehirnfunktion. Auch ist eine Rückkehr aus diesem Zustand ja nicht mehr möglich. Der Alterssarrsinn ist keine Abschirmung gegen eine nötige Anpassung, sondern vor allem eine verlorene Fähigkeit. Dasselbe gilt für das »Kindisch-Werden« der alten Menschen, das ja keiner Kindlichkeit entspricht. Wenn ich hier und im folgenden von Regression spreche, dann schließe ich diese Altersveränderungen aus.

Wir werden jedoch noch zeigen können, daß Regression weit darüber hinaus ein menschliches Wesensmerkmal schlechthin ist, im Gesunden wie im psychisch Kranken. Sie zeigt sich sowohl beim einzelnen, ob Kind oder erwachsener Mensch, wie auch als eine Verhaltens- und Reaktionsweise einer Gruppe, einer Glaubensgemeinschaft, einer Organisation oder ganzer Völker. Wenn ein Kind, das schon die Sauberkeitsentwicklung bewältigt hat, unter Belastungen wieder beginnt, nachts einzunässen, sprechen wir von Regression. Und wenn ein Volk, dessen einzelne Individuen sich zur Selbstverantwortlichkeit und damit zur Demokratie entwickelt haben, wieder nach dem starken Mann, nach einem Führer, nach einem Vater ruft, dann regrediert es ebenso.

Die normale psychische Entwicklung

Für ein Verstehen des Prozesses der Regression und ihrer Bedeutung in der Psychiatrie ist es hilfreich, die Stufen der normalen psychischen Entwicklung zu kennen. Dabei kommt es vor
allem auf die Kenntnis der Entwicklung des Ich-Bewußtseins
an. Wann erfährt ein Kind, daß es eine eigene, einmalige Persönlichkeit ist und daß es nicht im Mittelpunkt der es umgebenden Welt, sondern in seiner Eigenart neben vielen anderen Menschen steht, von denen ein jeder ebenso eine eigene und
anders erlebende und reagierende Persönlichkeit ist? Diesen
Schritt vollzieht das Kind im zweiten oder dritten Lebensjahr.

Dies alles hat mit der Entwicklung des Bewußtseins beim
Menschen zu tun. Nach Jean Piaget (1926) ist die Unterscheidung zwischen dem Denken und der Außenwelt nicht angeboren, das Kind muß vielmehr diesen Unterschied in seinen
ersten Lebensjahren erarbeiten. Piaget betont, das Kind sei ein
Realist, weil es nicht wisse, daß es das Subjekt gibt und das
Denken innerlich ist. Wir können aber jedenfalls davon ausgehen, daß das Neugeborene – und bereits das Kind im Mutterleib, das ja auch schon fühlt und hört – sich mit der ganzen
vom ihm erfahrbaren und erlebbaren Umwelt als eine Einheit
erfährt, in welcher es den Mittelpunkt bildet. Dies ist natürlich noch kein Vorgang des Bewußtseins, aber doch eine Er

fahrung, das heißt, ein Faktor, der als ein fester Bestandteil der Psyche im Gehirn gespeichert bleiben kann.

Der Heidelberger Kinderpsychiater Franz Resch (1996) unterscheidet zwischen Bewußtheit und Bewußtsein. Bewußtheit sei die Wahrnehmung und Überprüfung von Stimuli der Außenwelt und aus dem eigenen Körper. Diese ist von Geburt an – nicht vielleicht auch schon früher? – vorhanden. Als Bewußtsein könne man die innere Vergegenwärtigung des Selbst und der Umwelt bezeichnen. Diese Fähigkeit zu selbstreflexiver Bewußtheit, also zum Bewußtsein, entwickele sich erst dann, wenn sich eine Vorstellungsrepräsentanz des absichtsvollen Selbst gebildet habe. Dabei gibt es verschiedene Entwicklungsstufen des Bewußtseins, aber auch reduzierte Veränderungen desselben. Die verschiedenen Bewußtseinsformen in ihrer psychiatrischen Bedeutung wurden vor allem von Scharfetter (1995) herausgestellt. Daß die unterschiedlichen Bewußtseinformen neurophysiologisch – zum Beispiel im Elektroencephalogramm (EEG) – objektiviert werden können, zeigen auch die Untersuchungen an Menschen, die sich rituell schweren Schmerzen aussetzen, wie die sogenannten Feuerläufer (Larbig 1982). Dabei handelt es sich nicht um krankhafte Veränderungen, sondern um grundsätzliche Möglichkeiten menschlichen Verhaltens und Erlebens.

Der Schweizer Psychiater Luc Ciompi (1982) hat in seinem Buch »Affektlogik« wieder bewußtgemacht, daß die sinnliche Aufnahme der Außenwelt, die Kognition, stets auch mit Gefühlen, mit Affekten verbunden ist. Er spricht in diesem Zusammenhang davon, daß das Kind affektiv-kognitive Bezugssysteme aufbaut. So versteht er die Psyche als komplex ver-

schachtelte Hierarchie von solchen affektiv-kognitiven Bezugssystemen (Ciompi 1988).

Die amerikanische Kinderpsychologin Margarete Mahler
(1979) sprach in den Stufen der Individuation von einem
»normalen Autismus« in den ersten Lebenswochen, also einer
noch normalen Beschränkung jedes Erlebens auf sich selbst
und eines Verzichts auf eine Beziehung zu anderen Menschen.
Von einem Autismus kann man jedoch auch bei Neugeborenen und Säuglingen eigentlich nicht sprechen, weil ein Kind
bald nach der Geburt auf die Mimik und die Stimme der ihm
vertrautesten Person offenbar anlagebedingt einzugehen und
ebenfalls mit Mimik und Stimme zu reagieren vermag und
dabei auch aktiv tätig wird (H. u. M. Papoušek 1990). Wir
müssen aber doch davon ausgehen, daß es noch keine Vorstellung von einer Unterscheidung zwischen sich und der Umwelt
haben kann und daher kein Bewußtsein von sich selbst hat.
Diesem »normalen Autismus« entspricht für das Kind ein
Zustand der Geborgenheit, der fast noch dem im Mutterleib
gleicht. Die nach der Geburt rasch in ihrer Vielfältigkeit und
Menge zunehmenden Außenreize empfindet es jedoch wohl
immer noch, als ob sie von ihm selbst kommen. Eine Differenzierung gelingt erst allmählich. Dennoch macht es die Erfahrung von Wohlbefinden und Unwohlsein in Abhängigkeit von
bestimmten Bedingungen, etwa von der Gegenwart einer ihm
vertrauten, Geborgenheit bietenden Person, der Abwesenheit
von Hunger und Durst, in seiner Abhängigkeit von den Reaktionen der Bezugsperson, ihrem Lachen oder Weinen.

Aus den ersten sensorischen Eindrücken, welche das Kind
aufnehmen kann – das sind schon im Mutterleib taktile Emp-

findungen und bald auch Töne und Geräusche, und dann nach der Geburt die verwirrenden optischen Empfindungen –, aus diesen vielfältigen ersten Erfahrungen muß es allmählich eine gewisse Ordnung erkennen lernen und unveränderte Objekte wiedererkennen. Wir sprechen von Objekt- und Figurenkonstanz (Piaget). Bestimmte wiederkehrende Schemata sind wohl eines vom Ersten, was es wiedererkennt, zum Beispiel das einfache Schema eines Gesichtes. Zunächst kann jedes zugewandte Gesicht, ja, eine Gesichtsattrappe eine Reaktion des Lächelns auslösen, wie auch bestimmte Abweichungen von der gewohnten Form eine Angstreaktion (Wolfensberger 1974).

Mit zunehmendem Alter, von Tag zu Tag, macht es dabei Fortschritte, und mit etwa einem halben Jahr oder etwas später lernt es zwischen einem bekannten und unbekannten Gesicht zu unterscheiden, wobei die sogenannte Acht-Monats-Angst beim normal geborgenen Säugling schon mit vier bis fünf Monaten auftritt. Beim Wiedererkennen einer Person, etwa der Mutter, helfen wahrscheinlich auch der Geruch und die taktilen Empfindungen beim Tragen und beim vertrauten affektiv bestimmten motorischen Umgang mit dem Kinde mit (»dialogue tonico-emotionel« im Sinne des Schweizer Neurologen Julian Ajuriaguerra). Dieses Erleben von sich selbst und der ganzen Welt um das Kind herum, die es hört, spürt, sieht und erlebt, ist – wie wir annehmen müssen – noch eine Einheit. Es gibt noch keine Unterscheidung zwischen der eigenen Person, dem Ich, mit all seinen Empfindungen von Wärme und Kälte, Hunger und Sattsein, Weichheit und Härte, Geborgenheit und Verlassensein auf der einen Seite und allem übrigen, was es mit seinen Sinnen wahrnehmen kann, auf der

anderen. Erst allmählich, beginnend wohl im zweiten Lebensjahr, fängt es an zu unterscheiden zwischen dem eigenen
Ich und dem Anderen, der Umwelt, zwischen Innenwelt und
Außenwelt. Zunächst besteht aber ein Adualismus, ein kognitiv bedingter *Egozentrismus*, wie dies Piaget bezeichnet hat.

Den kognitiven Egozentrismus kann ich an einer eigenen
Erinnerung anschaulich machen. Als Kleinkind lebte ich in
einer Straße, die – in meiner Gehrichtung rechts – von einer
Backsteinmauer begrenzt war, welche höher war als ich. Die
Straße beschrieb eine sanfte Krümmung nach links, so daß ich
die Mauer auf eine längere Strecke vor mir sehen konnte, wie
sie, dem Straßenverlauf entsprechend, sich einwärts bog.
Lange Zeit sah ich beim Gehen auf dieser Straße, daß sich die
Mauer, wenn ich an ihr entlangging, allmählich immer mehr
zur Geraden streckte, obwohl ich schon wußte, daß sie sich in
Wirklichkeit natürlich nicht bewegte. Diese Empfindung entgegen meinem Wissen entsprang der noch fest verankerten
Vorstellung, nach der ich der Mittelpunkt sei, um den sich
alles andere anordnete. Erst nach längerer Zeit verlor sich diese
Empfindung, und ich war es, der entlang der gebogenen
Mauer ging und sich bewegte. Man könnte dieses Erlebnis
auch als Sinnestäuschung ansehen. Aber dieser Täuschung lag
eben doch eine noch bestehende Bereitschaft zum Egozentrismus zu Grunde.

Der Egozentrismus besteht im Denken auch noch, wenn
das Kind äußerlich zwischen sich und den Dingen gut unterscheiden kann. Es empfindet sich dennoch als Mittelpunkt des
Geschehens, und alles, was es erfährt und beobachtet, hat
für das Kind dieses Alters eine Beziehung nur oder vor allem

zu ihm. Dazu kommt ein noch bestehendes mystisch-animalistisches Denken, ein Animismus. Auch von Gegenständen nimmt das Kind an, daß sie Gefühle und Absichten haben können. So können Häuser freundlich aussehen, und das Kind erwartet, daß diese dann auch zu ihm freundlich sind. Ebenso kann das Kind annehmen, daß das Feuer es ist, welches das Kind brennen will.

Diese Phase des Egozentrismus ist eine ganz wichtige Entwicklungsstufe. Denn die Notwendigkeit seiner Überwindung macht das Kind erst fähig, sich in die Welt seiner Umgebung, in die ziemlich festgefügte Welt der Erwachsenen einzuleben und an ihr teilzuhaben. Aber sie bringt auch eine grundsätzliche Verunsicherung mit sich, weil das Kind erkennen muß, daß die Menschen um es herum offenbar anders denken, fühlen und empfinden, als es selbst – und daß nicht alles, was geschieht und was es erlebt, unbedingt mit ihm selbst zu tun hat.

Es ist dies eine Art kopernikanischer Wende in der psychischen Entwicklung. Vom Mittelpunkt alles Geschehens wird das Kind zu einem gleichartigen Individuum unter vielen, allerdings mit dem entscheidenden Unterschied, daß nach der Wende nicht die eine Betrachtungs- und Erlebnisweise falsch und die andere richtig ist, sondern daß die eine, die *Hauptrealität*, die für alle Mitmenschen verbindliche, die andere, die *Nebenrealität*, die allein für das Individuum auch mögliche ist. Die Hauptrealität hat damit für das gemeinsame Leben die entscheidende Bedeutung. Wichtig ist dabei die Fähigkeit zum *Überstieg*, zur Unterscheidungsfähigkeit und zum Wechsel zwischen diesen Realitätsebenen. Auf deren Bedeutung werden wir noch zu sprechen kommen.

Die Fähigkeit, Gedanken und Gefühle anderer zu erkennen und von den eigenen zu unterscheiden – die Fähigkeit zur Empathie –, wird in der kinderpsychoanalytischen Literatur als »Mentalisation« oder »reflexive Funktion« bezeichnet, die nötig ist, um das eigene Handeln, zum Beispiel im Spiel, im richtigen Verhältnis zur Hauptrealität zu sehen (Fonagy und Target 2001). Sie ist eine Voraussetzung zur Überwindung des Egozentrismus, aber auch für den »Überstieg« zwischen der Haupt- und der Nebenrealität.

Die mit der zunehmenden sozialen Anpassung unvermeidlich verbundene Verunsicherung, die es nun auszuhalten gilt und an die das Kind sich mit der Zeit gewöhnen wird, kann aber dazu führen, daß diese Entwicklungsstufe des Egozentrismus in manchen Fällen erst gar nicht überwunden wird und das Kind ganz oder zumindest in bestimmten Denk-, Erlebnis- und Reaktionsbereichen auf dieser Stufe stehenbleibt, denn sie bietet vermeintlich Schutz und Sicherheit. Dies gilt beispielsweise für den schon genannten frühkindlichen Autismus (Kanner 1943; Asperger 1944; Poustka 1995), aber auch für die sogenannten Borderline-Persönlichkeiten (Rohde-Dachser 1982).

In der Regel bewältigt das Kind diese Entwicklungsstufe sicher und ohne Schwierigkeiten, ja, es genießt den Fortschritt, seine neuen Fähigkeiten und die damit gebotenen erweiterten Möglichkeiten. Es entwickelt sich psychisch völlig normal. Wenn sich der heranwachsende Mensch dann aber später einmal, in der Pubertät oder in einer anderen Lebensphase, mit einer besonderen psychischen Belastung und mit Anforderungen konfrontiert sieht, die er auf die Dauer nicht zu bewältigen vermag oder nur glaubt nicht bewältigen zu können, dann zieht sich dieser Mensch manchmal wieder zurück bis zu dieser egozentrischen Phase. Hier handelt es sich um eine pathologische Regression. Eine solche kann man beispielsweise auch bei der Schizophrenie annehmen (Lempp 1992a), worauf in diesem Buch noch eingegangen wird.

Wie ein Kind sich aus dem »normalen Autismus« und dem Egozentrismus herauslöst, zeigen viele Verhaltenseigentümlichkeiten in dieser Altersphase. So verbinden viele Kinder in ihrem Animismus mit den täglichen Gegenständen emotionale Gefühle und Bindungen. Wenn sie beispielsweise nur von einem Teller mit einem ganz bestimmten Muster essen wollen, so haben sie wahrscheinlich mit diesem Teller eine Vorstellung verbunden, die ihrer Nebenrealität entspricht. Dieses Verhalten findet man durchaus in dem Symptom der Veränderungsangst eines Autisten wieder, der auch in seinem Nebenrealitätsbezug fürchtet, daß ihm oder dem Teller etwas zustoße oder der Teller »böse« sei, wenn er von einem anderen Teller esse. Solche »kindischen« Gefühle kennt man manchmal auch als Erwachsener noch.

Alle solchen scheinbar kindischen Probleme können unter bestimmten Bedingungen auch einen kindlichen Autismus, ein »Hängenbleiben« der psychischen Entwicklung, auch einen Rückschritt auslösen, wenn das Kind nicht die Sicherheit bietende positive Erfahrung des Schutzes durch seine Bezugspersonen erfährt, die es ihm schließlich doch ermöglichen, diese Angst und Unsicherheit auszuhalten. Diese positive Stütze durch die das Kind umgebenden Personen ist dabei sicher nur *ein* Faktor neben vielen, wie erbliche Anlage, Teillestungsstörungen, negative Früherfahrungen und manches andere. Aber die Reaktionen der Bezugspersonen sind stets der Ergänzungsfaktor zur Manifestation einer krankhaften Anlage. Je problematischer die Anlage, desto größer ist die Bedeutung einer nicht genügend positiven Umweltreaktion, je geringfügiger, desto leichter verkraftet das Kind auch negative Verhaltensformen seiner Umwelt. Auch die protektive Bedeutung von gesunder Anlage einerseits und positiven emotionalen Beziehungen andererseits ergänzen sich gegenseitig.

Das Kind lernt im Laufe des zweiten und dritten Lebensjahrs immer besser, zwischen sich und der Umwelt zu unterscheiden, und es lernt allmählich, wie wir gesehen haben, daß andere Menschen anders denken und das Geschehen etwas anders erleben und anders fühlen. Es behält seine ganz eigene Vorstellung von sich und der Umwelt zwar bei, kann sich aber immer besser auch darauf einstellen, wie die anderen, vor allem die es umgebenden Erwachsenen, die gemeinsame Welt betrachten und mit ihr umgehen.

Die zwei Erlebniswelten
des Kindes

Bei jedem Kind entwickeln sich in den ersten Lebensjahren zwei verschiedene Welten in seinem Denken, Fühlen und Handeln:

Es hat eine Beziehung zu seiner privaten Vorstellung von der Welt und eine andere zur gemeinsamen Welt, die es mit den anderen Menschen, mit denen es zusammenlebt, teilt. Es sind zwei verschiedene Realitäten. Die eine könnten wir als Phantasiewelt bezeichnen und die andere als die reale Welt. Da aber für Kinder dieses Alters die eigene Welt genauso richtig und bedeutsam, das heißt subjektiv genauso »real« sein kann wie die gemeinsame, sagen wir lieber, seine Welt ist die *Nebenrealität* und die gemeinsame Welt die *Hauptrealität*. Der Begriff »Phantasiewelt« erweckt den Eindruck des Irrealen, des nicht Wirklichen und damit auch nicht Wirkenden. Das stimmt aber nicht. Die Phantasiewelt, die virtuelle Welt, die Nebenrealität, sie alle sind wirksam und sind damit auch wirklich. Die Nebenrealität ist damit – nicht nur für das Kind – durchaus real.

In seinem zweiten und dritten Lebensjahr lernt das Kind, zwischen sich und der Umwelt zu differenzieren, und es macht die Erfahrung, daß andere Menschen anders denken und das, was um sie herum geschieht, auf andere Weise erleben und fühlen. Kinder in den ersten Lebensjahren fixieren sich oft an einen bestimmten – meist weichen – Gegenstand, meist eine Stoffpuppe, einen Teddybären oder auch einfach ein bestimmtes weiches Tuch, den sie gerne mit sich herumtragen und abends mit ins Bett nehmen. Wir bezeichnen diese als Übergangsobjekte. Zu diesen haben die Kinder eine emotionale Beziehung und gehen auch davon aus, daß das Übergangsobjekt eine emotionale Beziehung zu ihnen, den Kindern, hat. Sie lassen den Gegenstand dann manchmal irgendwo liegen und bemerken erst später den Verlust. Hier kann man die große emotionale Bedeutung des Übergangsobjektes erkennen. Das Kind ist oft völlig verstört, bis das Objekt wieder gefunden wird.

Dabei geht es dem Kinde offensichtlich nicht nur darum, daß es selbst etwas Wertvolles verloren hat, sondern auch darum, daß das personifizierte Objekt von ihm, dem Kinde, im Stich gelassen worden ist. Das Kind entwickelt also Schuldgefühle dem Objekt gegenüber. Die Eigenschaften des Objektes bestehen zwar nur in der Vorstellung, der Nebenrealität des Kindes; gleichwohl sind dessen Eigenschaften und seine Beziehung zwischen ihm und dem Objekt für das Kind etwas Reales.

Man muß davon ausgehen, daß ein Kind seine phantasierten Vorstellungen von sich und der Welt – fast – genauso realistisch erlebt, wie wir Erwachsenen unsere Träume im Schlaf, die uns erfreulich, aber auch ängstigend erregen können und aus denen wir dann enttäuscht oder erleichtert beim Aufwachen in die Wirklichkeit, in die Hauptrealität, zurückkehren.

Der Traum ist auch ein Bewußtseinszustand, nur eben ein anderer. Daß er wirken kann, ist einer der Pfeiler, auf den sich die Psychoanalyse stützt.

Die zwei Erlebniswelten des Kindes finden sich schon in der Psychoanalyse Freuds. Freud verwendet den Begriff der Phantasie in seinem Aufsatz »Der Dichter und das Phantasieren« (zit. nach von Matt 2001). Er schreibt: »Vielleicht dürfen wir sagen: Jedes spielende Kind benimmt sich wie ein Dichter, indem es sich eine eigene Welt erschafft oder, richtiger gesagt, die Dinge seiner Welt in eine neue, ihm gefällige Ordnung versetzt.«

Für Freud ist der Gegensatz zum kindlichem Spiel nicht Ernst, sondern Wirklichkeit. Hier – so denke ich – urteilt Freud wie fast alle Erwachsenen von ihrer Warte aus. Im Erleben des kleinen Kindes ist die Realität nicht vorgegeben, sie steht nicht als erstes da. Am Anfang steht das ganz individuelle, subjektive Erleben des Kindes, Angenehmes und Unangenehmes. Schon ein Säugling kann im Schlaf weinen oder lächeln. Das kindliche Spiel, das kindliche Denken ist kein Gegensatz zur Wirklichkeit, sondern es ist für das Kind Wirklichkeit. Sicher, ältere Kinder sind sich schon bewußt, daß ihr Spiel die Wirklichkeit der Erwachsenen, die Hauptrealität, nachahmt, vielleicht verändernd nachahmt. Zunächst ist aber das Erleben des Kindes im Umgang mit seiner Welt konkrete Realität. Die Unterscheidung der Erlebniswelten in Phantasie und Wirklichkeit steht erst am Ende des Prozesses.

Freud hat bereits zur Bedeutung des Tagtraums beschrieben, er sei per definitionem Wunscherfüllung. Auch hier habe ich Zweifel. Natürlich dient der Tagtraum in der Regel einer

Wunscherfüllung in der Nebenrealität. Aber auch die ängstliche Vorwegnahme einer nur vorgestellten Gefahr, die Angst vor einer als möglich phantasierten Bedrohung ist wirksame Nebenrealität und existiert neben dem wunscherfüllenden Tagtraum.

Der nächste Schritt in der psychischen Entwicklung ist die Fähigkeit zur Unterscheidung zwischen Hauptrealität und Nebenrealität. Für den Wechsel von einer realen Welt in eine Wahnwelt oder umgekehrt, also von einer Realitätsebene zur anderen, prägte der Psychiater Klaus Conrad (1966) den Ausdruck *Überstieg.* Dieser Begriff ist auch für den Wechsel von Hauptrealität zu Nebenrealität sinnvoll. Wenn wir in einem Kino einen emotional eindringlichen Film ansehen und danach wieder ins Freie hinaustreten, bemerken wir diesen Wechsel, den Überstieg, ganz deutlich. Wir benötigen einige Sekunden, um wieder in die Wirklichkeit, in die Hauptrealität zurückzukehren, nachdem wir durch den Film in der Nebenrealität gefangengehalten waren.

Ähnlich ist es beim Erwachen aus einem Traum. Aus dem Alptraum erwachen wir erleichtert, daß das Geträumte keine Wirklichkeit war, aus dem schönen Traum enttäuscht. Im Gegensatz zum Tagtraum besteht beim nächtlichen Traum während des Träumens nicht die Möglichkeit zum Überstieg. Beim Tagtraum und Phantasieren dagegen ist man sich – in normalen Bewußtseinszuständen – stets über Phantasie und Wirklichkeit im klaren und kann jederzeit »übersteigen«, wenn man will oder muß.

Auch das Kind lernt frühzeitig, von einer Realitätsebene zur anderen zu wechseln, und lernt damit den Überstieg als eine wichtige Fähigkeit. Ein Kind spielt beispielsweise allein mit Bauklötzen, die in seiner Vorstellung seine Haustiere sind. Die Mutter kommt ins Zimmer und fordert das Kind auf, die Klötze jetzt aufzuräumen. Dann kann es sein, daß das Kind sagt: »Das sind doch keine Bauklötze, das sind meine Haustiere.« Das Kind versucht die Mutter in seine Nebenrealität herüberzuholen. Es kann aber auch sein, daß das Kind dies gar nicht versucht, sondern sich bereitwillig in die gemeinsame Realität mit der Mutter begibt und aufräumt. Es hatte die Fähigkeit zum Überstieg. Diese Fähigkeit zum Überstieg ist eine wichtige, die sich ein Kind – im Laufe des zweiten Lebensjahres – erwirbt.

Der Schweizer Psychiater Luc Ciompi hat in einem weiteren Buch mit dem Titel »Außenwelt – Innenwelt« das Entstehen der psychischen Strukturen in der physikalischen Welt von Raum und Zeit beschrieben (Ciompi 1988). Wenn ich hier die Begriffe *Hauptrealität* und *Nebenrealität* eingeführt habe, geht es jedoch nicht darum, wie bei Ciompi, die psychischen Strukturen des Menschen in unsere naturwissenschaftlichen Systeme einzufügen, und damit eigentlich nicht um einen philosophisch-anthropologischen Ansatz. Es geht mir vielmehr nur darum, bestimmte Denk- und Verhaltensweisen des Menschen verständlich zu machen, indem ich etwas, was jeder bei sich selbst beobachten kann, in seiner Bedeutung in der Kindheit und im Erwachsenenalter deutlich zu machen suche.

Das alles gilt insbesondere für die *Regression*, ein Phänomen, auf welches ich später noch ausführlich zu sprechen komme. Wir werden noch sehen, daß die Regression, der

Rückzug auf eine kindliche Erfahrungs- und Erlebnisweise, durchaus nicht immer ein krankhafter Vorgang und Hinweis auf eine psychische Störung ist, sondern daß wir sie als eine grundsätzliche Fähigkeit zum Schutz vor der eigenen psychischen Belastung verwenden, oder auch nur zum Vergnügen.

Die Bedeutung
der beiden Realitätsebenen

Die Bedeutung der Hauptrealität oder der Realitätsbezug, den wir mit allen Mitmenschen soweit wie möglich teilen, liegt auf der Hand. Ohne diesen gemeinsamen Bezug zu unserer gemeinsamen Umwelt wären ein Zusammenleben, eine Verständigung auf gemeinsame Bedürfnisse und ein hinreichend geordnetes Neben- und Miteinander nicht möglich. Wir kämen uns vor wie ein Tourist, der im Urwald auf einen Eingeborenenstamm trifft, der noch nie fremde Menschen gesehen hat. Dabei gäbe es nur noch wenige Zeichen zur Verständigung, nur noch diejenigen angeborenen Ausdrucksformen der Mimik und Gestik, die wir uns von den höheren Säugetieren, unseren Vorfahren, erhalten haben.

Die erkenntnistheoretische Frage, was die Realität ist und wie wir sie überhaupt erkennen können, soll hier nicht behandelt werden. Daß die Welt nach Kant und Schopenhauer nur unsere Vorstellung ist, wird mit meinen Erörterungen nicht berührt, auch nicht die Frage, ob es – nach Platon und Aristoteles – zwei Welten gibt, oder drei nach Popper oder viele Welten nach Welsch. Es geht hier nur um die jedem gesunden Menschen auf Grund seiner Sinnesfunktionen und seiner daraus gewonnenen Erfahrungen mögliche und für ihn notwendige Vorstellung von seiner Umwelt, wie er sie erlebt, und auch um die Vorstellung von sich selbst. Auch wenn die Welt nur Vorstellung ist, so stimmen die Vorstellungen der Menschen in vielen und in den für das tägliche Zusammenleben notwendigen Erfahrungen weitgehend überein, und um den zwischenmenschlichen Umgang mit diesen Vorstellungen geht es hier.

Nach Habermas ist für unsere sprachliche Praxis eine objektive Welt eine »notwendige Unterstellung«. Diese objektive Welt soll unabhängig von allen Differenzen zwischen sprachlichen »Bezugssystemen« oder sprachlich artikulierten Sinnhorizonten einen allen Kulturen gemeinsamen Bezugspunkt möglicher Wahrheit, ein gemeinsames »Worüber« und ein gemeinsames Wahrheitsmaß der Tatsachen behauptenden Rede garantieren (Habermas 1999). Diese »notwendige Unterstellung einer objektiven Welt« ist das, was ich unter der hier erörterten Hauptrealität verstehe.

Wir erleben als Individuen die Welt um uns herum zwar unterschiedlich, verbinden auch oft unterschiedliche Gefühle mit dem, was wir erfahren und erleben, können uns aber unschwer auch mit uns zunächst unbekannten Menschen über vieles verständigen, weil wir die uns umgebende Welt in einer gemeinsamen Weise als real, als wirklich vorhanden betrachten. Dabei soll hier nicht darüber gestritten werden, ob diese gemeinsame Wirklichkeit bereits als Idee vorgegeben war, bevor es den Menschen gab, im Sinne des Platonismus, oder ob sich der Mensch im Laufe der Evolution diese Welt in einer gemeinsamen Weise »zurechtgelegt« hat – im Sinne eines Konstruktivismus.

Dies gilt zunächst vor allem für konkret erfaßbare, sinnlich wahrnehmbare Objekte. Wenn man »Baum« sagt, weiß jeder, der dieser Sprache mächtig ist, was gemeint ist, auch wenn sich jeder dabei ein etwas anderes Exemplar der Gattung Baum vorstellen wird. Über die allgemeinen emotionalen Bewertungen, Empfindungen und Befindlichkeiten können wir uns ebenfalls leicht verständigen, weil wir uns darüber austauschen und von klein auf gemeinsame Erfahrungen gemacht haben und weil wir, wie bereits gesagt, über angeborene Ausdrucksformen verfügen.

Man kann davon ausgehen, daß für Säugetiere und für manche Insekten – wohl schon nicht mehr für die Menschenaffen – ein solcher gemeinsamer Realitätsbezug instinktiv verankert ist, sich aber auf wenige konkrete Informationen, die für das Zusammenleben und Überleben notwendig sind, beschränkt. So erkennen Bienen aus den Schwänzeltänzen der anderen Arbeitsbienen die Richtung, die Entfernung und die Ausbeute eines Honigfundortes. Das und ähnliches sind ihre gemeinsamen Realitäten, und andere benötigen sie nicht.

Für den Menschen ist der Erwerb der Sprache eine sehr viel weiter reichende Möglichkeit, sich mit seinen Mitmenschen einen gemeinsamen Realitätsbezug zu bilden, der weit über die konkrete Umwelt hinausreicht und auch abstrakte Vorstellungen, Ideen, Glaubensinhalte und philosophische Gedanken und Systeme mit einbeziehen kann. Je abstrakter der Gegenstand ist, desto kleiner wird der Kreis derer, für die der Realitätsbezug noch ein gemeinsamer ist und zur gegenseitigen Verständigung ausreicht. Bei religiösen Sekten beschränkt er sich oft auf die jeweiligen Angehörigen der Glaubensgemeinschaft und die, die sich wissenschaftlich damit beschäftigen.

Dabei ist die Sprache keineswegs immer ein eindeutiges Instrument für den gemeinsamen Realitätsbezug. Der einzelne Begriff ist meist vieldeutig verwendbar und bedarf dann eines definierenden Kontextes. Andernfalls wäre eine solche Fülle an Sprachbegriffen erforderlich, daß der einzelne Mensch sie kaum erlernen könnte. Die Sprachen der verschiedenen Ethnien haben eine Oberflächen- und eine Tiefenstruktur. Die letztere ist Voraussetzung zum Verständnis über den engeren Bedeutungsgehalt hinaus. Deswegen sind der Computerübersetzung von einer Sprache in eine andere grundsätzliche Grenzen gesetzt. Gerade der Witz, die Ironie und auch die Lyrik benützen diese verschiedenen Sprachebenen.

Der Erwerb der Sprache läßt sich an der Sprachentwicklung des Kindes gut erkennen, bei welcher wenige Begriffe mit einer zunächst sehr weitgefaßten Bedeutung im Laufe des Heranwachsens durch immer differenziertere ersetzt und ergänzt werden. Zunächst ist alles, was vier Beine hat und nicht zu groß ist, ein »Wau-Wau«, oder was fährt und nicht zu lang ist, ein »Auto«, bis dann schließlich der Artbegriff »Hund« und der Gattungsbegriff »Schäferhund«, beziehungsweise das »Lastauto« und der »Sattelschlepper« dazukommen.

Aber stets bleibt in der Kommunikation zwischen zwei Menschen ein Rest unterschiedlicher Betrachtung und Bewertung bestehen, der ein völlig übereinstimmendes und vollständiges gegenseitiges Verständnis verhindert, weil jeder Mensch jeden Begriff und jede Äußerung in seiner ganz individuellen Weise emotional besetzt. Immer gehen seine eigenen emotionalen Erfahrungen mit ein, und diese bestimmen die individuelle, die Nebenrealität.

Das gilt auch für das selbst Erlebte und die spätere Erinnerung daran.

Für jeden Menschen sind seine *nachhaltigen und emotional geprägten Erinnerungen* sehr wichtig, die guten wie auch die schlechten. Auf die Mehrdeutigkeit der Sprache hat auch der Psychoanalytiker und Schriftsteller Hans Keilson hingewiesen. Sie wird in ihrer Bedeutung – auch in der Geschichte – immer von der subjektiven Seite des Sprechers und der Situation der Beteiligten mitbestimmt, auch von der politischen (Keilson 1998, 2001).

Die Sprache ist aber die Basis für die Beziehung des Menschen zu seiner Mitwelt und auch für sein Selbstverständnis in dieser Umwelt. Die guten Erinnerungen geben Zuversicht und trösten bei Enttäuschungen und Versagen, die schlechten warnen, verunsichern und verursachen Angst. Durch diejenigen, welche im bisherigen Leben das größere Gewicht hatten, wird die Einstellung zum Leben bestimmt. Bei schwer und wiederholt traumatisierten Menschen, wie etwa den Holocaust-Überlebenden, kann durch solche Erinnerungen das ganze Leben definitiv geprägt und gestört bleiben, vor allem wenn sie schon in der Kindheit und Jugend allein oder ganz überwiegend prägend geworden sind (Lempp 1979, 1998).

Diese Erinnerungen sind daher keine Nebenrealitäten – auch wenn sie infolge subjektiver Erinnerungsveränderung oft später nicht mehr mit der einstigen Realität übereinstimmen –, da sie ja auf realiter selbst erlebte Ereignisse und Erfahrungen zurückgehen. Sie sind Hauptrealitäten mit einer nachhaltigen Wirksamkeit. Wenn wir etwas erleben, ist es emotional noch nicht eindeutig bestimmt, weil wir es noch nicht endgültig einzuordnen vermögen. Wenn wir uns später daran erinnern, ist es eine sichere Realität geworden. Ähnlich ist es mit den Geschehnissen der geschichtlichen Vergangenheit. Was uns überliefert ist, erscheint uns als eindeutig; obwohl es nur in unserer Phantasie besteht, gehört es dennoch für uns zur Hauptrealität. Dabei könnten es die Teilnehmer des Geschehens seinerzeit ganz anders erlebt haben. Der Kulturhistoriker Egon Friedell (1927) meinte dazu auch, daß »das Erlebnis … eben immer eine viel geringere Realität als die Fiktion« habe.

Deswegen ist eine klare und genau beschreibbare Abgrenzung der beiden Realitätsebenen grundsätzlich nicht möglich. Sie können ebenso fließend ineinander übergehen, wie sie auch hart und unvereinbar nebeneinander stehen können. So, wie einerseits in der gegenseitigen Verständigung durch die individuellen und subjektiven Vorstellungen eine kleine, aber letztlich unüberwindbare Schranke besteht, enthält andererseits die Nebenrealität auch immer Elemente der Hauptrealität, der Welt, in der wir leben und aus der viele Gegebenheiten und Bedingungen unsere subjektiven Vorstellungen mitbestimmen.

Wenn die Nebenrealität nicht mehr nur für das Individuum Gültigkeit und Wirkung hat, sondern für einen mehr oder weniger großen, unter Umständen für einen religions- oder kulturbestimmenden Kreis von »Gleichgesinnten«, dann wird die Nebenrealität für diesen Kreis zur Hauptrealität. Genauer gesagt: Die Nebenrealität wird in *ihrer Wirkung* zu einer Hauptrealität. Sie bleibt gleichwohl immer eine Nebenrealität, solange sie von anderen Menschen auch anders gedacht werden kann.

Das Kind lernt diese Hauptrealität zunächst bei seiner Familie, im Kontakt mit Bekannten und Nachbarskindern. Dies ist zunächst ein eingeschränkter Kreis, der sich unter Umständen noch ziemlich von der Realität seiner größeren Gemeinschaft, seines Volkes unterscheidet. Vor allem größere Familien bilden einen eigenen »Kulturkreis«, in dem es eine ganze Reihe von spezifischen Begriffen gibt, die nur in der Familie verstanden werden oder nur in ihr in diesem besonderen Sinn Verwendung finden. Sie sind gemeinsam emotional geprägt. Das gilt später ebenso für Kreise, Vereine, Verbindungen, ferner für inoffizielle Cliquen und Gruppierungen, auch für bestimmte Berufsgruppen, welche sich durch eine eigene Sprache und besondere Bedeutungen von Begriffen gegen die übrige Welt abgrenzen wollen. Hier stehen gewissermaßen verschiedene Gruppen-Nebenrealitäten nebeneinander, die innerhalb ihrer Gruppe den Anspruch auf eine Hauptrealität erheben. Das gilt in vergleichbarer Weise für jedes Volk mit eigener Sprache und für alle Angehörigen einer Religion.

Die zur Hauptrealität gewordenen Nebenrealitäten einer Gruppe betreffen aber fast nur ideelle Begriffe, die interpretierbar und emotional besetzt sind, wie moralische Werte, soziale Verhaltensregeln und Dogmen, die für die jeweilige Gruppe spezifisch sind. Ein Jugendlicher kann beispielsweise daheim und im üblichen Umfeld völlig der Hauptrealität der Gesellschaft angepaßt sein. Wenn er sich jedoch innerhalb einer jugendlichen Gang bewegt, übernimmt er bereitwillig oder gezwungenermaßen deren Wertmaßstäbe und Verhaltensnormen, um in der Gruppe akzeptiert zu werden und eine Anerkennung zu finden, die er vielleicht nur noch dort finden zu können meint. Er tut in dieser Gruppe unter Umständen Dinge, die er außerhalb der Gruppe und allein nie tun würde, sondern ablehnt. In der Gruppe weiß er zwar auch, daß deren Normen von der großen Gesellschaft abgelehnt werden, trotzdem ist er in dieser Situation oft nicht mehr zum »Überstieg« fähig. Das heißt, er befindet sich eigentlich in einem »psychopathologischen« Zustand. Das gilt in gleicher Weise für manche religiösen Sekten. Im Erleben des einzelnen Individuums aber sind diese Gruppenrealitäten stets eine Hauptrealität im Vergleich zu seiner ganz eigenen und ganz individuellen Nebenrealität.

Auch das Kleinkind lernt diese abstrakten Normen und Verhaltensregeln seiner Umwelt als Inhalte der Hauptrealität. Es lernt, daß es nicht stehlen, einem anderen nichts wegnehmen und ihm nicht wehtun darf – wenn ihm nicht von seinen Bezugspersonen dauernd wehgetan wird. Dennoch kann es sich in seiner Nebenrealität ausdenken und subjektiv erleben, wie schön es wäre, wenn es dem andern das sehnsüchtig begehrte Spielzeug wegnehmen könnte, oder wenn es dem Jungen, von dem es gerade geärgert worden ist, eine saftige Ohrfeige verpassen könnte. Die Nebenrealität als geheime Erfüllung unerlaubter Wünsche findet seit einigen Jahrzehnten eine starke Anregung und Förderung in den Angeboten der Filmserien im Fernsehen und in Videospielen, die sie – nicht nur den Kindern – so verlockend machen. Darauf werde ich später näher eingehen.

Der für das Kind notwendige Aufbau des Realitätsbezuges, der Beziehung zur gemeinsamen Hauptrealität konfrontiert es jedoch auch mit negativen, unangenehmen und bedrohlichen

Erkenntnissen, die zu akzeptieren ihm schwerfällt. Es will sie nicht wahrhaben. Hieraus ergibt sich in der psychischen Entwicklung eine Spannung zwischen dem Streben nach »Werden wie die Erwachsenen« einerseits und Abwehr gegen negative Anteile einer erlebten Wirklichkeit andererseits: eine Entwicklung zwischen Akzeptanz und Abwehr, zwischen Reifwerden und Kindbleiben.

Bei Loch (2001) finden wir eine Darstellung dieser Beziehung zwischen Abwehrmechanismus und Realitätsbezug. Beim Neugeborenen und frühen Säugling steht am Anfang die »halluzinatorische Omnipotenz«. Das Kind bemerkt die negativen Seiten noch gar nicht und lebt wie im Traume. Später projiziert es seine eigenen Vorstellungen nach außen und bildet die Welt nach seinen Wünschen. Wenn es größer wird, beginnt es die belastenden Anteile der Wirklichkeit zu verdrängen, und erst mit zunehmendem Alter lernt es ihre negativen Seiten als Realität anzuerkennen und zu akzeptieren, indem es Gut und Böse unterscheidet und das Böse verurteilt.

Aus der Spannung zwischen Realitätsakzeptanz und Abwehr kann sich das Kind und später genauso der erwachsene Mensch jederzeit durch den Überstieg in die Nebenrealität befreien. Damit wehrt er – wenigstens vorübergehend – die unwillkommenen Seiten der Realität ab. Hier liegt die große Bedeutung der Nebenrealität, nicht nur für das Kind, das mit ihr selbstverständlich lebt, sondern auch für den erwachsenen Menschen, der sie zwar gerne benützt, aber doch sich ihretwegen als einer kindischen Regung geniert.

Die Nebenrealität –
ihre üblichen und anerkannten Formen

Der Künstler ist der einzige, der sich als Erwachsener offen zu seiner Nebenrealität bekennt. Sie ist die Quelle seiner Kreativität. Bei den Malern gilt dies vor allem für die nicht gegenständliche, die abstrakte Malerei, aber auch für alle diejenigen, welche über die einfache Abbildung der Natur hinausgehen und ihre eigene Sicht zum Ausdruck bringen, also zum Beispiel für expressionistische und impressionistische Malerei. Gerade wenn bei den nicht gegenständlichen Bildern die vom Künstler selbst darunter geschriebenen Titel dem Betrachter nicht ohne weiteres einleuchten, sondern nur eine Hilfe sind, zu verstehen, was der Maler damit ausdrücken wollte, wird deutlich, daß es ihm um den Ausdruck seiner ganz individuellen inneren Vorstellung gegangen ist und nicht um die Reproduktion der gemeinsamen Hauptrealität. Je mehr in der Abbildung der Hauptrealität eine bestimmte Deutung oder Verfremdung des Inhalts zum Ausdruck kommt, desto mehr ist seine Nebenrealität am Kunstwerk beteiligt. Es gibt auch fließende Übergänge. Das Entsprechende gilt für die plastische Kunst.

   In ihren Anfängen war die graphische Darstellung wohl immer vom Bemühen bestimmt, die Welt und ihre Objekte, also die Hauptrealität wiederzugeben und auf diese Weise festzuhalten. Interessant ist in diesem Zusammenhang die Entdeckung der Perspektive, zuerst bei den Griechen im 6. Jahrhundert v. Chr. und dann ein zweites Mal im 15. Jahrhundert. Dabei mußte nämlich die reale Darstellung der Dinge, wie sie erfahren und gewußt war, in die subjektiv optisch erlebte, d. h. gesehene Form gebracht werden. Beide Formen entsprechen der Hauptrealität, aber jeweils auf einer anderen sensorischen Ausgangsbasis.

Die Stellung der graphischen und malerischen Kunst zwischen der kindlichen Nebenrealität und der Hauptrealität der Erwachsenen wird in einem Wort Pablo Picassos deutlich. Er habe einmal gesagt, alle Kinder seien Künstler, es sei aber für einen Erwachsenen schwer, es zu bleiben. Er bestätigt damit die grundsätzliche schöpferische Kraft des Kindes (Lempp 2001a).

Die Musik ist dagegen Nebenrealität in Reinkultur, weil es hier von vornherein keine Hauptrealität gibt. Sie ist immer Kunst und nicht Natur, wenn sie über die Gesänge der Wale und das Zwitschern der Vögel hinausgeht. Immer gestaltet der Komponist seine eigene Nebenrealität. Das schließt nicht aus, daß eine bestimmte Musik dann so verbreitet und akzeptiert wird, daß sie in gewisser Weise sekundär zur Hauptrealität gemacht und nach bestimmten Regeln kreiert und beispielsweise in Ritualen eingesetzt wird. Die sogenannte Programmusik will die Hauptrealität in Teilen darstellen, was ihr aber nie völlig gelingen kann, weil sie in jedem Fall eine individuelle Interpretation des Komponisten ist und damit dessen Nebenrealität bleibt. Wieweit der Hörer dann seine eigene – nebenreale – Deutung des Programms wiedererkennt oder nicht, hängt von zufälligen Ähnlichkeiten der Deutung ab.

Das Besondere der Musik ist auch, daß sie im Gegensatz zur bildenden Kunst und zur Literatur immer aufs neue zum Klingen gebracht werden muß, um wahrgenommen zu werden, sei es durch die Musiker, sei es als Reproduktion durch die technische Wiedergabe von elektronischen Konserven. Jede Reproduktion von bereits einmal komponierter Musik ist nicht mehr völlig identisch mit der Erstaufführung, weil sie der Interpretation bedarf, die von der Nebenrealität des Interpreten geprägt wird.

Ganz deutlich wird das Verhältnis von Haupt- und Nebenrealität beim Schriftsteller oder der Schriftstellerin, sofern sie keine Berichterstatter sind. Sie legen ihre Nebenrealitäten vor mit der Absicht, ihre Leser unmittelbar daran teilnehmen zu lassen, ja, sie bieten ihre eigenen Nebenrealitäten an, so daß der Leser sie als eigene Lebensrealität übernehmen, also gewissermaßen zur Hauptrealität machen kann. Wenn die erzählte Geschichte im Roman oder auf der Bühne Anklang findet, dann ist es ihr gelungen, die Nebenrealitäten vieler Menschen zu treffen oder anzuregen. Goethes »Werther« und Schillers »Räuber« wurden so zu Nebenrealitäten ihres ganzes Zeitalters. Weil die Mehrzahl sie aber bereitwillig übernahm, wurden sie zur Hauptrealität, allerdings nur in ihrer Wirkung. Da es sich nur um eine Vorstellung, eine Idee handelt, bleibt sie Nebenrealität.

Nicht nur der Roman als solcher ist eine Nebenrealität. Der Autor kann auch in dieser Nebenrealität die Nebenrealitäten seiner Helden und Heldinnen wiedergeben – gewissermaßen die Nebenrealität in der Nebenrealität. Dies schildert beispielsweise Leo Tolstoi in »Krieg und Frieden« mit großer, psychologisch einfühlsamer Könnerschaft.

Bei der Lyrik wird das vielleicht am deutlichsten. Zunächst ist sie originäre Nebenrealität des Dichters oder der Dichterin, meist in einer Form vorgelegt, die dem individuellen Traum nahe steht, ja, manchmal wird direkt vom Traum gesprochen. Die Lyrik verwendet nicht die gegebene Realität als Sujet, um die eigene Nebenrealität erkennbar, verständlich und konkret zu machen, sie bleibt mit ihren Bildern und sprachlichen Neuschöpfungen ganz im Bereich der eigenen Nebenrealität, bietet sie zwar zur Übernahme an, ist aber nicht enttäuscht, wenn es nur wenige tun können und ganz wenige es tatsächlich tun. Sie bleibt individuell und oft elitär.

Aber auch auf sehr viel bescheidenerem Niveau läuft dieser Austausch in gleicher Weise ab. Die große Zahl regelmäßiger Leser und Leserinnen von trivialen Liebesromanen holen sich ihre wunscherfüllenden Nebenrealitäten aus diesen Groschenheften, weil sie selbst sie sich nicht in dieser Fülle und Variation ausdenken können. Das gleiche gilt auch für den Liebesfilm, der dadurch, daß er die echte Realität so täuschend darzustellen vermag, sehr viel wirksamer ist. Auf die Frage, worauf der Erfolg bestimmter Literaturgattungen und Filmtypen, wie zum Beispiel Western und Krimis, beruht, werden wir noch zu sprechen kommen.

Gemeinsame Nebenrealitäten

Es gibt Bereiche der Nebenrealitäten, die nicht auf ein bestimmtes Individuum beschränkt sind. Dazu gehören die Philosophie, aber auch theoretische Wissenschaften. Sie gehen von einer Hauptrealität aus und entwickeln diese weiter zu allein gedachten, jedoch nicht konkretisierbaren und meßbaren Vorstellungen. Durch eine Einführung in die dabei verwandten Begriffe und ihre Bedeutung setzen diese Denker andere Menschen, soweit diese sich dafür interessieren, in die Lage, an solchen Gedankengebäuden und den sich daraus ergebenden Folgerungen teilzunehmen und sich selbst daran zu beteiligen oder auch andere, neue Theorien und abstrakte Vorstellungen zu entwickeln. Es sind dies gleichsam Versuche, die eigenen Nebenrealitäten zu Hauptrealitäten werden zu lassen, das heißt, möglichst viele andere Menschen davon zu überzeugen.

Im Grunde gilt das auch für den Fortschritt in jeder Wissenschaft, soweit es sich um eine zunächst rein gedankliche Weiterentwicklung handelt und nicht nur um ein konkretes Probieren. Der Forscher geht von konkreten Fakten oder wenigstens von als Hauptrealitäten weithin anerkannten Tatsachen aus, entwickelt sie als eigene Nebenrealitäten weiter und stellt sie als neue, möglichst konkretisierbare Möglichkeit vor.

Vielfach wird dies auch in der Wissenschaft als Spekulation bezeichnet und oft als unwissenschaftlich abgewertet. Im Grunde ist Spekulation zunächst nichts anderes als ein Weiterdenken in einem bisher nicht weitergedachten Bereich des einzelnen Wissenschaftsgebietes. Insoweit bleibt dieses Weitergedachte noch Nebenrealität, die aber nach den Vorstellungen des Forschers Hauptrealität werden soll.

Die Mathematik zeigt eine besondere Verbindung von Haupt- und Nebenrealität. In der einfachen Mathematik, die beim Abzählen beginnt und bis zu der in der Schule gelehrten reicht, haben wir es mit einer gemeinsamen, einer Hauptrealität zu tun. Sie ist wohl bei allen Menschen gleichermaßen gültig und entspricht der sensorischen Erfaßbarkeit, sie ist konkret. Dabei ist das Dezimalsystem, das sich allgemein im Laufe der Geschichte durchsetzte, gleichwohl eine willkürliche Setzung – wohl, weil wir zehn Finger haben. Es gibt ja auch andere Zahlensysteme, wie beispielsweise bei den Maßen und Gewichten in Großbritannien. In der höheren Mathematik jedoch geht man von einem festgelegten System aus und berechnet ganz exakt und logisch innerhalb dieses Systems immer weiter, auch wenn dies zu keinerlei konkreten Folgerungen führt und sich auch menschlicher Vorstellungsfähigkeit schließlich entzieht, etwa bei den Berechnungen mit der Unendlichkeit. Unvermeidlich entwickeln die Mathematiker dabei – ähnlich manchen Philosophen – eine eigene Sprache, durch die sie zu einem exklusiven Kreis werden.

Das gleiche gilt im Grunde für die Religionen. Auch sie entsprangen der Idee, das heißt der Nebenrealität ihres Begründers, der sie aus bereits bestehenden Religionen und weiterführenden oder verändernden eigenen Vorstellungen entwickelte. Wenn seine Ideen durch ihre Verkündigung auf eine rasche oder allmähliche breite Zustimmung stoßen und von immer mehr Menschen übernommen werden, bildet sich schließlich, oft unter zusätzlichen Veränderungen und gemeinsamen Festlegungen, eine immer größer werdende Religionsgemeinschaft. Findet der Religionsstifter nur in einem umschriebenen Kreis überzeugte Anhänger, bildet sich eine Sekte. Für alle diejenigen, welche die neue Lehre als gegeben und als richtig akzeptieren, wird die Nebenrealität des Gründers zur Hauptrealität, die schließlich bei großen Religionen dazu führen kann, daß sie auch für die Menschen, die keine überzeugten Anhänger sind, als eine Religion und damit als eine Hauptrealität anerkannt wird und daß sie zu einer Macht wird, welche die Kultur ganzer Völker prägen und bestimmen kann. Wir werden später noch näher darauf eingehen.

So ist die Abgrenzung zwischen Neben- und Hauptrealität in manchen Bereichen unscharf und fließend. Am einen Ende steht grundsätzlich die ganz individuelle innere Vorstellung eines Individuums und am anderen die Akzeptanz dieser Vorstellung oder von Teilen derselben durch die überwiegende Zahl der Menschen, die miteinander leben, kommunizieren und sich darüber verständigen können.

Gerade in der Philosophie wird dieser Spannungsbogen zwischen Nebenrealität und Hauptrealität, zwischen Phantasie und Idee einerseits und der Macht der erfahrenen Realität andererseits deutlich. Sehr vereinfachend könnte man sagen, daß hier die Platoniker einerseits den Aristotelikern andererseits gegenüberstehen. Beide haben im Laufe der Geschichte ihre Nachfolger und Vertreter in wechselnder Gestalt gefunden. Daß dies seit Jahrtausenden so ist, ohne daß die eine oder die andere Seite irgendwann einmal endgültig gesiegt hätte, zeigt die grundsätzliche Unausweichlichkeit beider Denk- und Erlebnisebenen nebeneinander für den Menschen.

Die Bedeutung der Nebenrealität
in Witz und Humor

Die Fähigkeit zum Überstieg, zum Wechsel von einer Beziehungsebene zur anderen, von erlebter Realität zur Vorstellung in der Phantasie und wieder zurück, spielt bei Komik und Humor eine wichtige Rolle, ja, man kann sagen, sie ist das Grundprinzip der Komik und des Humors. Es ist der überraschende Wechsel von der Hauptrealität in die Nebenrealität, der zur Komik führt. Beim Witz versucht man sein Gegenüber ohne Vorwarnung und Erklärung auf die eigene Nebenrealität herüberzulocken. Gelingt dies, dann zeigt dieses Gegenüber, daß es diesen Beziehungswechsel ohne weiteres nachzuvollziehen vermag, gelingt es ihm nicht, dann ist er zu sehr in der gemeinsamen Hauptrealität fixiert, er schafft den Überstieg nicht ohne Hilfe, er hat keinen Humor.

Die Witze, die Kinder schon frühzeitig verstehen, nützen die Doppeldeutigkeit mancher Begriffe aus:

Eine Erzieherin im Kindergarten fragt das Kind:
»So zieht dich deine Mutter also ganz alleine groß?«
Das Kind antwortet: »Nein, ich wachse ganz von allein.«

Oder der Bobby-Witz:

Graf Bobby sitzt vor einem Berg zerschnittener
altbackener Brötchen und zerschneidet immer noch mehr.
Auf die erstaunte Frage, was er da mache, antwortet er:
»Im Kochbuch steht doch: Man schneide drei Tage alte
Brötchen.«

Es ist also zu diesem Lachen, zum Verstehen der Komik einer Situation, notwendig, daß das Kind in seiner psychosozialen Entwicklung so weit fortgeschritten ist, daß es in gewisser Weise den Überstieg zwischen den verschiedenen Realitätsebenen zu vollziehen vermag. Deswegen sind viele Witze, über die Erwachsene herzlich lachen, für Kinder oft noch nicht als Witz verständlich. Auch den Witz von manchen Cartoons verstehen Kinder erst von einem gewissen Alter ab. – Doch selbst manche Erwachsene lernen es nie, solche Cartoons in ihrem Witz zu erfassen, weil die dabei angesprochenen unterschiedlichen Beziehungs- und Realitätsebenen von ihnen nicht differenziert werden können.

Man kann Kinder durchaus dazu erziehen, diese Differenzierung der Realitätsebenen zu erkennen und zu verstehen und sie schließlich selbst zu verwenden, kurz, man kann seine Kinder zum Humor erziehen, also gewissermaßen zum differenzierenden Lachen, allerdings nur, wenn man als Erwachsener selbst Humor hat und souverän mit unterschiedlichen Realitätsebenen umzugehen weiß. Die subtilere Form des Witzes, die Ironie, in welcher der Wechsel der Bedeutungsebenen nicht mehr in Mimik, Gestik und Sprachduktus erkennbar ist, und die inhaltlich, aber nicht formal, genau das Gegenteil der tatsächlichen Meinung des Sprechers wiedergibt, ist erfahrungsgemäß auch für ältere Kinder und manche Jugendliche noch gar nicht verstehbar.

Eine weitere Voraussetzung für das Verständnis von Komik und Humor ist die Fähigkeit zur Zukunftsprojektion, das heißt die Fähigkeit, sich den weiteren Verlauf der geschilderten Handlung oder Geschichte entsprechend der allgemeinen Erfahrung, also innerhalb der Hauptrealität, vorzustellen, der dann durch einen plötzlichen Wechsel der Beziehungsebene in die Nebenrealität nicht erfüllt und dadurch zum Witz wird. Dabei ist der Wechsel von der scheinbar großen Bedeutung zur Banalität eine typische komische Situation. Auch der umgekehrte Wechsel von der Banalität zur unerwarteten Bedeutung kann eine humorvolle Note haben, allerdings von ganz anderer Qualität. Hierher gehören die bekannten Horrorwitze, welche auch intelligente Grundschulkinder schon verstehen und an denen sie Freude haben können, etwa bei den Versen:

> *»Alle saßen ums Lagerfeuer*
> *nur die Brigitte –*
> *saß in der Mitte«*

> *»Alle standen am Abgrund*
> *nur der Peter –*
> *der ging noch 'nen Meter«.*

Hier wird zunächst eine banale Situation geschildert, die dann überraschend eine besondere, und im konkreten Fall eine erschreckende Bedeutung bekommt. Da es sich dabei aber um eine Phantasie und nicht um eine reale Situation handelt, kann auf den Horrorwitz ein Entlastungslachen folgen, zu dem auch Kinder relativ frühzeitig fähig sind. Während das Kind sein Lachen zunächst auf dieses Entlastungs- und Entspannungslachen beschränkt, darüber hinaus lediglich am gemeinsamen, sozialen Lachen teilnimmt, kommt es mit zunehmender Entwicklung zu einer Differenzierung zwischen einer dominierenden Hauptrealität und einer gefühlsbestimmten individuellen Nebenrealität durch den immer größeren Abstand der Beziehungsebenen in die Lage, Witze zu verstehen und darüber zu lachen.

Umgekehrt können Kinder über Verhalten und Situationen lachen, welche für den Erwachsenen nicht als komisch verständlich sind. Das Kind freut sich noch über gelungene Wechsel der Beziehungsebenen, die jedoch so dicht beieinander liegen, daß für den Erwachsenen kein Witz mehr erkennbar ist, vor allem deshalb, weil für den Erwachsenen die von den Kindern noch in die Nebenrealität hineinprojizierten Vorstellungen nicht erkennbar sind.

Wie beim »Guckguck-Dada«-Lachen des Kleinkindes bedeutet auch der unerwartete Wechsel der Beziehungsebenen beim Witz eine vorübergehende, rasch wieder korrigierte Unsicherheit in der Beziehung, im Verhältnis zur Realität und Umwelt. Die gewohnte Ordnung wird scheinbar plötzlich in Frage gestellt, dann aber durch den gelungenen Überstieg zwischen den Beziehungsebenen wiederhergestellt (Lempp 1992b).

Die Regression in die Nebenrealität

Wie wir gesehen haben, fühlt sich ein kleines Kind als Mittelpunkt der Welt, und alles, was geschieht, geschieht seinetwegen. Es orientiert sich nicht an der sogenannten Wirklichkeit, sondern am eigenen Erleben. Es lebt sein Leben überwiegend in der Nebenrealität. Darum ist jedes Leben in der Nebenrealität im Erwachsenenalter eine kleinkindliche Form des Lebens, eine Form der Rückkehr in die Kindheit, eine Regression. Diese Form der Flucht aus der Hauptrealität ist allerdings ganz normal. Sie steht jedem gesunden Menschen zur Verfügung und hilft ihm, Belastungen zu ertragen, Fehlschläge auszuhalten und zu überwinden, das Leben zu meistern.

Wenn ein in abhängiger Arbeit Tätiger, der von seinem Vorgesetzten im Laufe des Tages nach seiner Ansicht ohne Grund zurechtgewiesen und getadelt wurde, auf dem Nachhauseweg in Gedanken diesem Vorgesetzten alles das sagt, was er sich in der konkreten Situation nicht zu sagen getraute oder wozu ihm das rechte Argument nicht einfiel, dann ist das zwar nur ein Gedankenspiel, eine Phantasie, aber dieses Gedankenspiel entlastet ihn, und es ist für ihn beinahe so, als ob er tatsächlich so reagiert und sich gerechtfertigt hätte. Diese Nebenrealität bringt ihm diese kleine Genugtuung sogar ohne das Risiko, das mit der realen Widerrede verbunden gewesen wäre.

Solchen Gedankenspielen und Tagträumereien kann sich jeder Mensch überlassen. Der eine macht mehr Gebrauch davon, der andere weniger. Diese Möglichkeit trägt zur vorübergehenden Erfüllung von Wunschträumen und zur Tröstung für erlittene Abwertungen bei, zur Wiedergutmachung von Fehlern und zum Nachholen versäumter Gelegenheiten, zur Herstellung erhoffter Liebesbeziehungen und zum Sieg über vermeintliche oder tatsächliche Nebenbuhler in Beruf und Liebe.

Bei manchen Formen geistiger Behinderung – sicher nicht bei allen – ist diese Fähigkeit, eine Nebenrealität, eine eigene Phantasiewelt aufzubauen, wohl nur in eingeschränktem Maße vorhanden. Manche sind völlig damit ausgelastet, einen sicheren Bezug zur gemeinsamen Hauptrealität aufzubauen, so daß für die Nebenrealität zuwenig geistige Reserven übrigbleiben. Die Fähigkeit zum Überstieg ist eine intellektuelle Leistung, zu der nicht jeder geistig Behinderte fähig ist. Andere sind aber doch in der Lage, ihre individuellen Nebenrealitäten in entsprechend einfacherer Form zu gestalten. Untersuchungen darüber sind mir jedoch nicht bekannt.

Dem geistig nicht eingeschränkten Menschen kommen in seiner allgemeinen Neigung, Entlastung in der Nebenrealität zu suchen, die Liebesromane und Liebesfilme entgegen, welche geeignet sind, die Flucht in die Nebenrealität zu stimulieren. Ihr Erfolg und ihre große Verbreitung ergeben sich aus diesem allgemeinen menschlichen Bedürfnis. Auch das Interesse an Filmen über Erfolgsmenschen und Helden, welche sich gegen alle Widrigkeiten des Lebens und gegen böse Widersacher siegreich durchsetzen und behaupten, hat in dieser Neigung seine Begründung.

Diese scheinbare Wunscherfüllung durch vorübergehende Flucht in die Nebenrealität kann in bestimmten Fällen auch die Voraussetzung für ein abwegiges, ja, ein kriminelles Verhalten sein. Das Erleben sexueller Phantasien in der Nebenrealität bereitet Sexualtäter manchmal auf ihre Taten vor. Dabei spielen die Bildmedien eine nicht geringe Rolle, worauf wir noch zu sprechen kommen werden.

Es gibt bedrohliche Nebenrealitäten, so wie es im Schlaf auch Alpträume gibt. Dies hängt damit zusammen, daß der Mensch wahrscheinlich das einzige Lebewesen ist – in geringerem Umfang vielleicht auch die Menschenaffen –, das sich die Möglichkeiten seiner Zukunft vorzustellen vermag, sowohl eine positive wie eine bedrohliche. Auch darauf werden wir noch näher eingehen.

Gegen diese unfaßbaren und unsichtbaren Ängste helfen – wenigstens vorübergehend – die Horror- und Katastrophenfilme. Sie konkretisieren virtuell, das heißt in der Nebenrealität, die diffuse und sonst konkret nicht faßbare Angst und entlasten den Ängstlichen dadurch für eine Weile. Für Jugendliche bringt das »Ertragen« von Horrorfilmen auch Prestigegewinn in der Clique und eine Abhärtung gegen die dauernde Angst, ebenso allerdings eine Abstumpfung und einen Verlust an Sensibilität gegenüber den Ängsten der anderen, einen Verlust an Mitgefühl, an Empathie.

Die Regression in der psychischen und sozialen Entwicklung

Vorübergehende Verzögerungen in der körperlichen, psychischen und sozialen Entwicklung sind durchaus normal – es handelt sich bei ihnen um Schutzmaßnahmen gegen Überforderung. In der körperlichen Entwicklung gilt das nicht nur für Lebensbedingungen mit ungenügender Ernährung, sondern auch für extreme psychische Belastung und bestimmte psychosoziale Bedingungen. Beim psychosozialen Minderwuchs sind es anhaltend bedrohliche negative Beziehungsstörungen bei fortgesetzten Mißhandlungen und emotionaler Ablehnung durch die nächste und einzige erwachsene Bezugsperson. Beim Wechsel der Lebensbedingungen wird der Minderwuchs alsbald wieder aufgeholt. Die Lageramenorrhoe von Frauen im Arbeitsdienst im Dritten Reich war eine solche Reifungspause, auch ohne mangelnde Ernährung.

Solche Verzögerungen, gewissermaßen ein Stillstehen der Entwicklung, gehören zum weiteren Begriff der Regression, selbst wenn sie noch keinen Rückschritt bedeuten, wie etwa dann, wenn ein Kind, das bereits über Nacht im Bett trocken geblieben ist, unter einer seelischen Belastung, etwa der Rivalität bei Geburt eines jüngeren Geschwisters, wieder anfängt einzunässen. Der Stillstand in der Entwicklung ist im Grunde ein Stehenbleiben auf einer nicht mehr altersgemäßen Stufe und Verweigerung einer altersentsprechenden Verhaltens- und Reaktionsweise. Auch das gehört zum Wesen der Regression.

Solche Regressionsformen sind in den letzten 30 Jahren in verstärktem Maße in Erscheinung getreten und haben die Kinder- und Jugendpsychiatrie beschäftigt: die *Schulphobie* und die *puberalen Eßstörungen*, insbesondere die Pubertätsmagersucht. Beide Störungsformen sind zwar seit langem bekannt, waren früher jedoch recht selten. In den siebziger Jahren wuchs plötzlich die Zahl der magersüchtigen Mädchen – seltener der Jungen – und wurde zum echten Problem. Später trat die Bulimie, die »Freß-Kotz-Sucht«, dazu. Beides sind zwar keine stofflichen Süchte, wohl aber zwangsartige Verhaltensweisen aus völlig unangemessener Angst vor dem Dickwerden bis zur lebensbedrohlichen Gewichtsabnahme und regelmäßigem Sistieren der Menstruation. Bei der Schulphobie verweigern die meist gut begabten Gymnasiasten den weiteren Schulbesuch aus einer ihnen selbst unerklärlichen Angst. Sie möchten eigentlich gerne wie ihre Altersgenossen die Schule weiterhin besuchen, können aber trotz guter Vorsätze diese Angst nicht überwinden. Man kann davon ausgehen, daß bei beiden Störungen Zukunftsängste eine Rolle spielen. Die Magersüchtigen und die Schulängstlichen möchten nicht erwachsen werden, sie möchten Kind bleiben, weil sie Angst davor haben, selbständig sein zu müssen. Derlei Ängste teilen die Betroffenen häufig mit ihren Eltern, welche entweder ihren Kindern nicht zutrauen, sich im Leben zu behaupten, oder ihre Kinder als Kinder behalten wollen, weil sie zu ihrem einzigen Lebensinhalt geworden sind.

Hierbei spielen soziale Faktoren eine große Rolle. Einerseits sind die Anforderungen an die Heranwachsenden insofern gestiegen, als der wirtschaftliche Erfolg und die »Selbstverwirklichung« zum letztentscheidenden Kriterium der Lebenstüchtigkeit geworden sind, andererseits sind die Familien kleiner geworden und die klassischen Aufgaben der Mutter und Hausfrau hören zu einem Zeitpunkt auf, an dem diese noch eine große Lebensspanne vor sich sieht, ohne schon mit der Betreuung von Enkelkindern beschäftigt zu sein. Diese Ängste bei Eltern und Kindern steigern sich ungewollt gegenseitig, weil die Reaktion der einen Seite die Angst auf der anderen Seite vergrößert und sich so gegenseitig aufschaukelt (Lempp 1986).

In jedem Fall sind es auf beiden Seiten – bei den Kindern wie bei den Eltern – Nebenrealitäten, Zukunftsvorstellungen, die eine Angst auslösen, der sie nicht ausweichen können und vor der sie sich daher in eine reaktive Verhaltensstörung, eine Neurose oder eine pychosomatische Störung flüchten, die sie im Status eines Kindes erhalten soll.

Zur Regression im weiteren Sinne gehören also Verhaltensweisen, die einem Stehenbleiben entsprechen, einem »Nicht-mehr-weiter-Wollen« oder »Nicht-mehr-weiter-Können«. Eindrucksvoll zeigen dies, wie schon erwähnt, viele Überlebende des Holocaust, die in ihrer frühesten Kindheit in extremer Weise ohne hinreichend konstante Zuwendung leben mußten, beispielsweise weil sie, lange Zeit im Keller oder Dachboden versteckt, nur ein Minimum an Betreuung erfahren konnten, oder die in raschem Wechsel von verschiedenen Personen und unter steter Angst der Betreuungspersonen gelebt haben. Sie erreichten vielfach im Erwachsenenalter keine soziale Selbständigkeit und blieben in kindhafter Abhängigkeit.

Diese Art der Regression in Form des Stehenbleibens findet sich aber auch bei weniger dramatischen Ursachen. So zeigt sich ein 25jähriger Mann unfähig, sich in eine wie auch immer geartete Gemeinschaft einzuordnen. Er lebt allein in einer Einzimmerwohnung und wird von einer psychoanalytisch orientierten Ambulanz durch fast tägliche Besuche betreut. Er beschäftigt sich mit ein wenig Heimarbeit, wobei er alte Elektrogeräte auseinandernimmt. Er war nach traumatischer Geburt von den Eltern stets abgelehnt und mißhandelt worden. Nach dem 10. Lebensjahr war er in acht verschiedenen Pflegestellen und wurde im 6. Schuljahr vom Unterricht ausgeschlossen, da er immer wieder durch ungehemmte Aggressivität aufgefallen und straffällig geworden war. Er lebte in Nebenrealitäten und wurde psychiatrisch als Borderline-Persönlichkeit klassifiziert, zeigt aber eher eine Grundstörung im Sinne von Balint, seine psychischen Grundbedürfnisse sind von Geburt an vernachlässigt worden.

Ein anderer junger Mann, der von dieser Ambulanz betreut wird, ist jetzt 21 Jahre alt. Er war nach vielfach wechselnden Betreuungsverhältnissen mit fünf Jahren adoptiert worden. Das schon ältere Ehepaar stand ihm immer ängstlich und unsicher gegenüber. Anfangs war er eher überangepaßt, wurde schulisch überfordert, und mit 15 Jahren griff er eine Frau, mit der er in plumper Weise Kontakt aufnehmen wollte, mit dem Messer an und verletzte sie, als sie ihn abwies. In der Folgezeit scheiterten viele Versuche heilpädagogischer Betreuung und Heimunterbringung. Er ist von Ängsten beherrscht und immer aggressionsbereit. Eine probeweise und gut verrichtete Arbeit als Helfer eines Hausmeisters brach er ab, als man ihm einen Arbeitsvertrag anbot, aus Angst vor jeder Bindung. Auch er lebt allein in seiner Wohnung, die er nur noch für die nötigsten Erledigungen verläßt. Auch dies ist eine Regression, ein Stehenbleiben in der sozialen Entwicklung.

Dieses Modell von der Regression als einem vergeblichen Versuch, sich durch teilweise oder gänzliche Flucht vor der psychischen Überforderung zu retten, läßt sich also auch auf die anderen, nichtpsychotischen psychischen Störungen, ja, sogar auf menschliches Denken überhaupt, plausibel anwenden.

Das Prinzip Regression

Es läßt sich also feststellen, daß die Regression, das heißt die Fähigkeit des Menschen, sich psychisch, im Denken, Phantasieren und Wünschen und in seinem Verhalten auf frühere Denk- und Erlebnisformen zu besinnen und zurückzuziehen, keine pathologische, also keine quasi von der Natur und der sogenannten normalen Entwicklung abweichende Möglichkeit ist, sondern vielmehr der menschlichen Psyche natürlicherweise innewohnt. Die Fähigkeit zur Regression ist für den Menschen ein allgemeines psychisches Prinzip, das für seine psychische Gesundheit und seine Fähigkeit, seelische Belastungen auszuhalten, eminent wichtig ist.

Die Voraussetzungen der Regression

Wir können davon ausgehen, daß sich jeder Mensch, bewußt und vor allem auch unbewußt, an frühkindliche Erfahrungen »erinnert«. Für negative Erfahrungen, für frühkindlich erfahrene Traumen, vor allem, wenn sie andauernd oder wiederholt und gleichgerichtet waren, wissen wir dies seit Sigmund Freud. Es wurde seither vielfach nachgewiesen, zuletzt durch die bitteren Erfahrungen des Holocaust (Keilson 1979; Lempp 1979,

2001b). Es besteht aber kein Grund, dies für anhaltend positive und angenehm empfundene Erfahrungen nicht ebenso
anzunehmen.

Das heißt, daß die Erfahrung und die Erinnerung an eine
Lebenszeit, in der sich das Individuum optimal sicher und
geschützt erlebte, die Zeit der Schwangerschaft und – bei uns
wohl auch für die Mehrzahl der Menschen – die Zeit der Säug-
lings- und der ersten Kleinkindzeit, als es noch auf Hilfe bei
Ernährung und Pflege angewiesen war, jedem Menschen zu
eigen ist. Das heißt aber auch, daß diese Erinnerung in ihm in
Zeiten, in denen er sich unsicher, bedroht und existentiell
gefährdet fühlt, die Sehnsucht nach der frühen Zeit absoluter
Geborgenheit wachrufen kann. Er kann sich wünschen, diese
Situation wiederherzustellen, zumindest in Gedanken, in der
Nebenrealität, mit dem gleichzeitigen Bestreben, diese Nebenrealität möglichst konkret zu machen, so, wie sie für ihn in sei-
ner Kinderzeit gleichwertig war mit der Hauptrealität.

Die Entwicklung des Ich-Bewußtseins beim Kinde führt
dann auch zur unbewußten Erkenntnis, daß diese Zeit absoluten Geborgenseins, die Zeit der Symbiose mit der Mutter
vorüber ist, und es erlebt sich – zumindest immer wieder
einmal – weniger sicher, ungeschützt und erkennt allmählich
seine Selbstverantwortlichkeit. Mit der Überwindung des phy-
siologischen Egozentrismus wächst das Empfinden für andere,
die Empathie und auch die Verpflichtung zur Solidarität,
jeweils abhängig von den Prägungen, die der Mensch von seiner Umwelt erfährt.

Wenn ein Kind, das bisher als Jüngstes der Familie die
besondere Zuwendung der Eltern erfuhr, erlebt, daß ein jünge-

res Geschwister es aus dieser Position verdrängt, kann es sein, daß es sich wieder wie dieses verhalten möchte und – nur spielerisch – in den Kinderwagen drängt oder gar wieder einzunässen beginnt wie das Kleinkind: Es ist eifersüchtig, es regrediert. Dieses ubiquitäre Erlebnis, das auch unabhängig von der Geschwisterrivalität in vergleichbaren Situationen entstehen kann, bildet wohl die Basis für jede Eifersucht, die den Menschen als Jugendlicher und Erwachsener mit und ohne Anlaß befallen kann. So ist auch Eifersucht eine Äußerungsform einer Regression.

Nach dem Haeckelschen »Biogenetischen Grundgesetz« entsprechen sich die Ontogenese, die Entwicklung des Individuums, und die Phylogenese, die Entwicklung der Art. Das gleiche können wir daher auch für die phylogenetische Entwicklung des Menschen annehmen. Mit der Entstehung eines Bewußtseins vom eigenen Ich, wann immer es in geschichtlicher Zeit entstanden sein mag, erkannte sich der Mensch als isoliert und nicht mehr eingebunden in die Geborgenheit durch das Rudel, in einer Sicherheit bietenden Gemeinschaft seiner Artgenossen. Der Mensch trat heraus aus einer subjektiven Sicherheit, hinaus in die ungesicherte Selbständigkeit und Selbstverantwortlichkeit. Damit – zumindest ungefähr zu dieser Zeit oder bald danach – war er auch in der Lage, sich selbst gewissermaßen von außen zu betrachten, sich selbst vorzustellen in seiner gegenwärtigen Situation, aber auch – und das ist entscheidend – in einer vorgestellten Zukunft.

Folgen wir den Theorien von Jaynes, dann war die Zeit vor der Entstehung des Ich-Bewußtseins in der Artgemeinschaft eine Zeit ohne Verpflichtung zur Solidarität, ohne Selbstverantwortlichkeit und ohne Gefahr. Das Ich-Bewußtsein entstand aber wohl nicht plötzlich und übergangslos, sondern langsam und in einzelnen Schritten. Zunächst wurden, wie wir bei der Besprechung der Entstehung einer Schizophrenie sehen werden, die eigenen Triebe und emotionalen Wünsche noch nicht in der eigenen Person erlebt, sondern sie wurden nach außen projiziert, anfangs, zum Beispiel im alten Griechenland, auf die Götter, die diese Triebe und Wünsche der Menschen repräsentierten (Held 1990). Damit konnten die Menschen sich von der Verantwortung entlasten und diesen alle Schuld zuschieben. Erst in einer weiteren phylogenetischen Entwicklung zum Selbstbewußtsein mußte sich der Mensch für sich selbst verantwortlich fühlen und sich mit seiner Schuld gegenüber seinen Mitmenschen auseinandersetzen. Diese Entwicklung ist bedeutsam für die Entstehung aller Formen von Religion. Wir werden später noch näher auf sie eingehen.

Zum Verständnis der Bedeutung der Regression für die menschliche Psyche ist es notwendig, sich den menschlichen Emotionen zuzuwenden, welche für seine psychische Entwicklung, für sein Verhalten und seine Soziabilität eine weit größere Bedeutung haben als die Kognition, der Intellekt. Und unter den Emotionen ist die Angst die wichtigste.

Der bekannte Psychoanalytiker Michael Balint hat in seinem Buch »Angstlust und Regression« (1991) diese beiden Begriffe bestimmten Extremtypen, den »Philobaten«, die wie der Akrobat im Zirkus sich von der Wirklichkeit der Schwerkraft lösen wollen, und den »Oknophilen«, die sich an den Boden der Realität klammern und sich von ihm nicht frei machen können, zugeordnet. Seine sehr anschaulich dargestellten Prototypen spiegeln das Prinzip der Regression deutlich wider, allerdings als Extremreaktion. Diese beiden Tendenzen der Philobaten und Oknophilen sind aber stets ineinander verschlungen, wobei ich eher der Meinung bin, daß Entwicklung und Regression – oder Stehenbleiben – weniger ständig ambivalent einander gegenüberstehen, sondern daß die Regression, mit der ich mich hier befasse, eine jederzeit jedem Menschen zur Verfügung stehende »Bremse« bietet, die er als Notbremse, aber auch als Dauerbremse aus Ängstlichkeit benützen kann und benützt. Diese Angst ist allerdings – so denke ich –, wenn sie zur Regression führt, kaum mit Lust verbunden.

Die Angst vor der Zukunft

Die Angst ist eine entwicklungsgeschichtlich sehr früh nachzuweisende Emotion. Sie drückt sich beobachtbar im reaktiven Verhalten selbst bei relativ niederen Tierarten aus. Tiere versuchen instinktiv, jeder erkannten Gefahr zu entfliehen oder aus dem Wege zu gehen. Ist die konkrete Gefahr zu nah oder kann das Tier der Gefahr nicht mehr ausweichen, dann bleibt ihm nur der Angriff mit dem Ziel, die Gefahr, etwa ein feindliches Tier, zu vernichten oder es zur Flucht zu bewegen. Angst ist eine Emotion, welche nach Erkennung der Gefahr neurologisch und physiologisch die Fähigkeit zum raschen und kraftvollen Handeln herstellt, durch gesteigerte Aufmerksamkeit, durch Blutdrucksteigerung und gespannte Reaktionsbereitschaft. Die Aggression dient der Angstbewältigung. Dies gilt für alle Tiere, auch für den Menschen.

Die Entwicklung des menschlichen Ich-Bewußtseins hat
aber dazu geführt, daß der Mensch sich im Gegensatz zum
Tier seine Zukunft vorstellen kann und damit auch eine
Gefahr, die noch gar nicht konkret besteht. Er kann sich die
Zukunft vorstellen, sowohl in positiver als auch in negativer
und bedrohlicher Weise, während das Tier, auch eine höhere
Säugetierart, wohl nicht die Fähigkeit besitzt, sich seine
Zukunft vorzustellen, zumindest keine, die es selbst noch gar
nicht erlebt hat. Wenn eine Katze in »Beutefangstimmung«
vor einem Mauseloch sitzt und auf eine Maus wartet, hat sie
dies entweder schon einmal »gelernt«, wahrscheinlich ist aber
die Maus als Geruchsempfindung bereits »gegenwärtig«.

Eine noch nicht gegenwärtige Situation sich vorzustellen
aber ist dem Menschen möglich. Diese Fähigkeit bedeutet
zunächst einen großen Fortschritt im Hinblick auf die Über-
lebensfähigkeit der menschlichen Gattung, welche dadurch
für die Zukunft planmäßig Vorsorge treffen konnte, zunächst
wohl für ihre Ernährung. Der Mensch konnte damit auch
Gefahren vermeiden. Er ist dabei nicht mehr auf einen In-
stinkt angewiesen. Diese Fähigkeit bedeutet aber auch eine
Aufgabe und eine Belastung: Wenn er die Auswirkungen seines Handelns auf die nächste oder die spätere Zukunft ver-
säumt oder falsch einschätzt, kann das schlimme Folgen
haben. Das können wir gegenwärtig in Fragen der Umwelt-
schädigung erleben. Die von uns verursachten Gefahren in der
Zukunft verdrängen wir meistens – wie Kinder.

In eine Vorstellung von der Zukunft gehen nicht nur die
eigenen Erfahrungen ein, sondern auch all das, was man von
anderen gehört, gelesen oder im Bild gesehen hat. Die Mei-

nungen und Vorstellungen anderer Menschen sind dabei immer beteiligt. So kann eine solche Vorstellung von dem, was auf einen selbst oder auf andere zukommen könnte, Angst hervorrufen, auch wenn die Gefahr gar nicht real und gegenwärtig ist. Diese Angst kann man aushalten, wie das ständig Eltern tun müssen, die sich um ihre Kinder sorgen. Man kann ihr jedenfalls nicht entfliehen und sie auch nicht durch Angriff beseitigen, weil sie nur in einem selbst besteht. Wenn man sie nicht aushalten kann oder will, kann man versuchen, sie durch eine Gegenvorstellung, durch eine positive Nebenrealität auszugleichen. Man kann sich vorstellen, man sei stark und jeder Gefahr gewachsen, oder es gäbe die befürchtete Gefahr überhaupt nicht.

Der Angst vor der vorgestellten Zukunft in einer Welt, in der der Mensch nach Durchschreiten seiner Kindheit und Weiterentwicklung sich seiner Individualität, seiner Vereinzelung und damit auch seiner Verantwortung für sich selbst bewußt geworden ist, kann er nur dadurch entgehen, daß er die ihm gebotene Möglichkeit ergreift, sich in eine hoffnungsvolle, angstfreie Nebenrealität zurückzuziehen, zu regredieren in die Denk- und Erlebnisweise des Kindes, das in seiner frühen Lebensphase vor jeder Gefahr geborgen war. Die Fähigkeit, sich seine Zukunft vorstellen zu können, bedeutet daher eine große Belastung für viele und kann – unter bestimmten individuellen Voraussetzungen – zu Angstneurosen und zu Wahnkrankheiten führen.

Der psychisch gesunde Mensch wird dabei die Fähigkeit zum Rückstieg zur Hauptrealität nicht verlieren. Er wird vielleicht seine nebenreale Angst an der Hauptrealität messen, ihre

Gefahr relativieren, sie vielleicht besser aushaltbar machen. Er wird sich in jedem Fall durch die positive Nebenrealität, durch Regression, vom Druck der Angst immer wieder erholen und sich stabilisieren können.

Die Angst vor einer Gefahr wirkt dann wie eine Hauptrealität, wenn die Gefahr in der Zukunft allgemein oder von einem größeren Kreis der Menschen als eine solche erkannt oder angenommen wird, wie zum Beispiel die Angst vor einer Naturkatastrophe in gefährdetem Gebiet oder die Angst vor einer Atomkatastrophe. Die Gemeinsamkeit der Nebenrealität macht diese in ihrer Auswirkung zur Hauptrealität. Das Urteil, die Gewißheit oder nur die Vermutung darüber, was zu einer Gefahr werden kann, ist jedoch meist subjektiv und individuell und betrifft auch oft nur einen Menschen ganz allein, und dann bleibt die Angst vor der vermeintlichen Gefahr in der Nebenrealität.

Als Kind hatte ich von Vulkanen gehört, die es auch in meiner Heimat vor Hunderttausenden von Jahren einmal gegeben hatte. Eine Zeitlang fürchtete ich mich vor einem solchen Vulkanausbruch, insbesondere vor kegelförmigen Bergen, bis ich darüber beruhigt wurde und diese Beruhigung internalisierte. Hier wird deutlich, daß die Nebenrealität auch eine Realität und nicht nur eine harmlose Phantasie ist, denn sie kann Angst mit den ihr eigentümlichen psychosomatischen vegetativen Reaktionen erzeugen, unterhalten und manchmal unerträglich machen.

Die Bedeutung der Angst und die Möglichkeit ihrer Bewältigung in der Nebenrealität ist deswegen so groß, weil die einzige Alternative dazu die *Aggression* ist. Das ist vielfach der Grund für aggressive Handlungen gegen ganz unbeteiligte Dritte, für Vandalismus als Aggression gegen Sachen, aber auch für eine Flucht in Gestalt eines Selbstmordes oder einer wenigstens vorübergehenden Flucht durch Alkohol oder Drogen in einen anderen Bewußtseinszustand und damit in eine andere angstfreie Nebenrealität.

Auch die vieldiskutierte zunehmende Aggressivität der Jugendlichen in Schule und Freizeit entspringt einer Angst vor der Zukunft, die angeblich – so wird ihnen ständig gesagt – ein besonderes Maß an Leistung von ihnen verlange, zu der die meisten von ihnen offenbar nicht in der Lage seien. In den Schulen kann nur etwa ein Viertel der Jugendlichen Erfolgserfahrungen gewinnen, die ihr Selbstbewußtsein stabilisieren, alle übrigen erleben über viele Jahre ständig nur die Bestätigung ihrer Mittelmäßigkeit oder ihres Versagens. Nur wenige können diese negativen Dauererfahrungen durch Erfolge in Sport oder auf andere Weise kompensieren. Dem Jugendpsychiater fällt zumindest in der Sprechstunde die offenbar zunehmende Zahl durchaus begabter Jugendlicher auf, die ohne jede Selbstsicherheit aufwachsen. Sie fallen, wie sie sagen, in ein »Zukunftsloch«.

Kinder und Jugendliche, die versuchen, durch Aggressionen ihre induzierte Angst zu bewältigen, sind immer noch lebenstüchtiger als solche, die in Drogen, Alkohol, wenn nicht gar in Selbstmord zu fliehen versuchen. Da die angstauslösende Gefahr jedoch keine reale Gefahr ist, bleibt das Ziel der Aggressionen zufällig und wahllos, seien es Objekte oder schwächere Mitmenschen oder aber die Gesellschaft als ganzes mit ihrer Ordnung und ihren Werten. So gesehen ist die Flucht in eine Nebenrealität, die eine entlastende Lösung anbietet, immer noch die sozial verträglichste Form einer notwendigen Angstbewältigung.

Die Angst vor der gedachten Zukunft ist eine existentielle Bedrohung, eine Angst vor Versagen und vor dem Ausschluß aus den allenthalben angepriesenen und verlockenden Möglichkeiten des modernen Lebens in dieser Zukunft. Im Grunde jedoch ist sie für viele Erwachsene nur eine Fortschreibung der atavistischen Urangst des Platzhirsches vor Verlust seiner Revierherrschaft oder des Leitwolfes vor Verlust der Herrschaft über sein Rudel, es ist Angst vor Machtverlust. Der Angstabwehr dient der »Wille zur Macht« und die Vorstellung vom »Übermenschen«, wie das schon Friedrich Nietzsche zum Ausdruck gebracht hat.

Es liegt nahe, anzunehmen, daß die für jeden Menschen mehr oder weniger große, aber letztlich unausweichliche Angst vor der Zukunft nur aushaltbar ist durch ein gesundes Selbstbewußtsein oder die Möglichkeit, eine positive Nebenrealität aufzubauen. *Die Fähigkeit zur Regression macht den Menschen überhaupt erst lebensfähig in der Wirklichkeit. Sie ist ein existentielles Prinzip.*

Regression als Ursache psychischer Krankheit

Die Krankheitslehre der Psychiatrie, die als wissenschaftliches Fach eigentlich erst im 19. Jahrhundert begonnen hat, ist im Verlauf ihrer Entwicklung wesentlich von dem besonderen Faktum bestimmt, daß bis heute noch immer nichts Verbindliches und Sicheres über die Ursachen der wesentlichen psychischen Störungen und Krankheiten bekannt ist. Das gilt zum mindesten für diejenigen Formen, die nicht eindeutig durch exogene Einwirkungen, wie Gehirntraumen, Vergiftungen und Drogen und durch entzündliche oder durch körperlich faßbare degenerative Veränderungen hervorgerufen werden. Sie wurden deshalb lange Zeit – und werden zum Teil heute noch – als endogene, von innen heraus entstandene Erkrankungen bezeichnet, worunter teilweise »idiopathisch« verstanden wird, teilweise aber eher »(noch) nicht körperlich begründbar« (Tölle 1999). Sicher ist allerdings, daß es bei den nicht eindeutig exogenen Erkrankungen keine Monokausalität gibt, also keine lineare Beziehung zwischen Ursache und Wirkung, sondern nur ein konstellatives Zusammenwirken von genetischer Anlage, Umweltbedingungen und organischen Faktoren. Sie sind also genetisch, milieureaktiv und organisch-exogen bedingt.

Die psychiatrische Wissenschaft schwankt schon von Anfang an zwischen der Überbewertung organischer, sozialer und reaktiver Ursachenfaktoren hin und her (Müller 1998; Finzen 1998). Die Suche nach eindeutig organischen Ursachen, etwa nach dem Modell von Infektions- oder Stoffwechselerkrankungen, bietet die Chance der wirksamen und eindeutig begründeten Therapie, aber auch der endgültigen Anerkennung der Psychiatrie als Naturwissenschaft. Dabei wird vielfach der Nachweis organischer, das heißt chemischer und physikalischer Vorgänge im Gehirn als Beweis organischer Ursachen mißverstanden. Natürlich sind alle Denkprozesse, Gefühle und Handlungen mit solchen chemisch-physikalisch-elektrischen Prozessen verbunden. Das sagt aber nichts über ihre Ursachen und auch nichts darüber aus, ob es sich um eine Krankheit handelt oder nicht.

Im Zuge der »Globalisierung« der psychiatrischen Wissenschaft war es nötig, sich auf ein einheitliches System der Beschreibung von Krankheiten festzulegen. Um dabei dem Dilemma der unbekannten Ätiologie zu entgehen, entschloß man sich, die psychiatrischen Krankheitsformen vorwiegend nach phänomenologischen Gesichtspunkten einzuteilen, wie dies in den Klassifikationen ICD und DSM geschehen ist. Das war zum internationalen Vergleich und zur Verbundforschung eine notwendige und gute Lösung, sie kann aber in der Ursachenforschung kaum weiterführen, und diese sollte eigentlich das wichtigste Anliegen jeder ärztlichen Wissenschaft sein.

Auf die Suche nach der Ätiologie kann die medizinische und damit auch die psychiatrische Wissenschaft nicht verzichten. Da aber die Zahl der wirksamen Faktoren, der Einfluß der genetischen Anlage und der von der Entwicklung des Kindes im Mutterleib an gemachten und gespeicherten kognitiv-emotionalen Erfahrungen grundsätzlich weder quantitativ noch qualitativ erfaßt werden kann, muß die Ätiologie sich vom physikalischen Kausalbegriff lösen. Die einzelne Reaktions- und Verhaltensweise hängt, in Analogie zur Synergetik nach Haken (1988), immer vom jeweiligen Zustand und der Vorgeschichte des Gesamtsystems ab. Die Physik bemüht sich um die Gesetzmäßigkeit des Chaos, die aber – wie zum Beispiel in der Meteorologie – immer wieder an ihre praktischen Grenzen stößt. Ciompi (1997) unternahm den Versuch, die Erkenntnisse der Chaosforschung auf die Psychiatrie anzuwenden, was zu interessanten Ansätzen führte. Da aber im Gegensatz zur Chaos-Theorie in der Physik in der Psychologie und Psychiatrie nicht davon ausgegangen werden kann, daß eine Stabilität zwischen Ausgangssituation und Endergebnis gegeben ist, bleibt für die Psychiatrie mit diesem grundsätzlichen Unterschied zur Naturwissenschaft nur die Möglichkeit, sowohl für die deduktive wie auch für die induktive Forschungsmethode gleiches Recht gelten zu lassen, das heißt: neben der exakten epidemiologischen und biologischen Forschung muß der Einzelfallanalyse, wie sie zu Beginn des letzten Jahrhunderts in der Psychiatrie üblich war, wieder mehr Geltung verschafft werden (Lempp 1989). Das heißt aber auch, von Hypothesen auszugehen, die sich – in unserem Falle – aus der kinderpsychiatrisch-klinischen Beobachtung ergeben.

So ist es wohl nicht unberechtigt, auch bisher kaum begangene Wege zu einer Klärung der Frage nach den Ursachen und Bedingungen psychischer Störungen zu beschreiten, in unserem Fall den Weg über die Entwicklungspsychologie. Diese bietet dazu das Phänomen der Regression, der Entwicklung des Realitätsbezuges und der Bedeutung der beiden Realitätsebenen, der Haupt- und der Nebenrealität.

Ein Weg zur Erklärung der Schizophrenie und des frühkindlichen Autismus

Die Entwicklungspsychologie, die den Übergang vom kindlichen Egozentrismus zur allmählichen sozialen Eingliederung mit der Fähigkeit zur Empathie, der Fähigkeit, sich in andere einzufühlen, beschreibt, und die die Bedeutung der zwei Realitätsebenen, der subjektiven und der scheinbar objektiven, thematisiert, bietet einen neuen Zugang zu dem klassischen Rätsel der Psychiatrie, der Schizophrenie, und zu einem anderen und neuen Verständnis der wesentlichen Formen psychischer Krankheiten und Störungen (Lempp 1992a).

Wenn wir das Wesen der Schizophrenie bei dem von ihr betroffenen Menschen in einem weitgehenden Verlust des normalen Realitätsbezugs ansehen, dann ist das gleichbedeutend mit einer Rückkehr in eine Denk- und Erlebnisweise, die jeder Mensch als Kleinkind durchschritten hat: Er fühlt sich wieder als das Zentrum der ihn umgebenden Welt und vermag sich nicht mehr in andere Menschen einzufühlen, das heißt, er versteht sie in ihrem Handeln und Denken nicht und muß alles, was um ihn herum geschieht, mehr oder weniger auf sich beziehen. Der schizophrene Mensch hat damit seine bisherige Beziehung zu seinen Mitmenschen weitgehend eingebüßt und fühlt sich isoliert und mißverstanden, sucht aber – wie ein Kind – die Ursache für diese Veränderung nicht bei sich selbst, sondern allein bei den andern. Der japanische Psychiater Kimura (1971) bezeichnete darum die Schizophrenie als den »Verlust der Mitmenschlichkeit«.

Dieser sekundäre Egozentrismus ist die Grundlage jedes Wahns, also auch der Paranoia und jedes paranoiden Denkens, wie es für viele Formen der Schizophrenie typisch ist. Aber auch die übrigen Symptome der Schizophrenie sind keine psychischen Formen und Auffälligkeiten, die nur und ausschließlich bei Schizophrenen vorkommen. Sie sind auch in anderen Formen des Bewußtseins, im Traum, unter Drogeneinwirkung und in früheren Entwicklungsstufen zu finden (Lempp 1988). So ist die Neigung der Kinder zu illusionären Trugwahrnehmungen, indem sie etwa aus Tapetenmustern bestimmte Gestalten heraussehen, den optischen Halluzinationen nahestehend, die dann im kindlichen Animismus eine Entsprechung haben.

Die nahe Verwandtschaft kindlichen Denkens mit den Symptomen einer schizophrenen Psychose, wie Wahn, Halluzinationen und überwertigen Ideen, belegt eine große Untersuchung an 475 Kindern und Erwachsenen in einer stationären Einrichtung für geistig Behinderte. Diese wurden auf psychotische Symptome zum gegenwärtigen Zeitpunkt wie auch in der Vorgeschichte untersucht. Dabei ergaben sich fließende Übergänge zwischen psychotischen und nicht-psychotischen Verhaltensweisen und eine Ähnlichkeit mit infantilen Gedanken und Vorstellungen, welche diese Symptome als Regression in frühere Entwicklungsstufen erkennen lassen (Takanashi 1999).

Für die akustischen Halluzinationen, das Stimmenhören, liegt nach neueren Vorstellungen eine Überlastung der sogenannten Hopfield-Netzwerke vor, bei denen alle Neuronen mit jedem anderen vernetzt sind und ein oder mehrere in sich stabile Systeme, sogenannte Attraktoren, bilden (Spitzer 1996). Man nimmt nun an, daß bei Schizophrenen die Kapazität dieser Netzwerke reduziert ist. Eine solche Kapazitätsverringerung kann aber zweifellos auf verschiedene Weise entstehen, und es stellt sich die Frage, wie weit die Kapazität eines solchen Netzes schon in der frühen Kindheit, etwa bei der Geburt entwickelt oder zumindest festgelegt ist. So ist durchaus wahrscheinlich, daß ein Neugeborenes wohl die Stimmen der Menschen als sich immer wiederholende, gleichartige Geräusche wahrnimmt, aber sicher noch nicht unterscheiden kann, ob es selbst diese Geräusche hervorbringt oder ob sie von außen kommen. Wenn ein erwachsener Mensch nun »Stimmen hört«, kann er sie auf Grund seiner Erfahrung als Stimmen anderer erkennen. Wenn er sie aber selbst nach außen projiziert, dann handelt es sich wiederum um eine typische Regression in eine ganz frühe Entwicklungsperiode.

Der amerikanische Psychologe Jaynes (1993) hat die anregende Theorie vertreten, daß das Bewußtsein des Menschen, das Wissen von sich selbst, erst etwa vor 3000 Jahren entstanden sei. Er macht das an dem Unterschied zwischen »Ilias« und »Odyssee« deutlich: In der Ilias kommt das Wort »Ich« noch kaum vor. Nach seiner Ansicht reagierte der Mensch der Frühzeit auf eine »innere Stimme«, entstanden bei noch funktionell getrennten Hirnhälften durch Korrespondenz zwischen dem Sprachzentrum der einen und dem Hörzentrum der anderen, die er nach außen, gewissermaßen auf Götter projizierte, deren Stimme er als akustische Halluzination hörte und der er folgte. Dem entspricht die auch von Althistorikern anerkannte Vorstellung, daß die griechischen Götter Projektionen der menschlichen triebhaften Bedürfnisse waren (Held 1990). Nach Jaynes war beispielsweise das Stimmenhören, das für uns heute ein typisches Symptom der Schizophrenie ist, eine normale Durchgangsphase in der phylogenetischen Ich-Entwicklung, als eine Projektion intrapsychischer Vorgänge nach außen. Man kann daher die Schizophrenie – nicht nur wegen des Stimmenhörens – als einen – verunglückten, hängengebliebenen – Versuch zur eigenen Entlastung durch eine Regression ansehen.

Man braucht dieser Theorie von Jaynes nicht in allen Teilen zu folgen. Daß als Vorstufe eines Ich-Bewußtseins eine Projektion der eigenen Antriebe nach außen bestanden haben könnte, ist naheliegend. Damit kann aber die Schizophrenie, zumindest ein schizophrenieartiges Psychosyndrom, als eine in der frühen Menschheitsgeschichte normale Denkform angesehen werden, und damit wäre die Krankheit Schizophrenie auch eine Regression, in gewisser Weise eine phylogenetische Regression (Lempp 1996b). Dabei ist nicht von Bedeutung, ob man sich die Regression, diesen Rückgriff auf frühere, organisch geprägte Funktionen des Gehirns, als eine funktionale Regression oder aber als eine psychische Regression ansieht, die auf frühere, inzwischen überwundene, das heißt kindliche Denkformen zurückgreift. Da jede psychische Tätigkeit, auch das Denken, einer organischen, genauer einer neuronal-chemisch-physikalischen Gehirnfunktion entspricht, bedeutet diese Unterscheidung nur eine Betrachtung desselben Vorgangs aus unterschiedlicher Perspektive.

Die affektiven Störungen, die vor allem die akuten Formen der Schizophrenie begleiten, sind dagegen keine genuin psychotischen Symptome, sondern durchaus normalpsychologische Reaktionen auf das eigene Erleben der Beziehungsstörung, der Veränderungen und der unverstehbar gewordenen Reaktionen der Umwelt. Dieses Eigenerleben ist durchaus geeignet, panische affektive Reaktionen auszulösen. Typischerweise finden wir sie deshalb bei der sogenannten einfach dementen Form der Schizophrenie nicht. Das Selbsterleben der Realitätsbezugsstörung ist bei akuten jugendlichen Schizophrenen auch mit ein Grund, sich unter den Bedingungen einer stationären Behandlung wie ein Kind zu verhalten und sich wie in völliger Hilflosigkeit vollkommen passiv gehenzulassen. Das heißt, sie regredieren in starkem Maße, was dann eine besondere therapeutische Aufgabe bedeutet. Es handelt sich gewissermaßen um eine Regression innerhalb der Regression der Schizophrenie (du Bois u. Günter 2000).

Wie ist nun unter diesen Vorgaben das Entstehen der Schizophrenie zu erklären? Jeder Überstieg aus der gemeinsamen Hauptrealität in die eigene Nebenrealität setzt früher oder später die Fähigkeit zum »Rückstieg« in die Hauptrealität voraus, und eine Regression ist ein solcher Überstieg in die Nebenrealität. Normalerweise ist diese Fähigkeit zum Rückstieg etwas Selbstverständliches. Wir haben kein Problem damit, uns nach dem Erwachen aus dem Traum oder aus Tagträumen sofort und jederzeit in der Alltagsrealität wieder zurechtzufinden. Bei Tagträumen, beim Lesen emotional anregender Geschichten oder im Kino ist wohl auch ständig die gemeinsame Realität – quasi »im Hinterkopf« – mit dabei. Wir benötigen sie ja oft zur Kontrolle und zum Vergleich mit der Nebenrealität.

Offenbar gibt es aber Menschen, denen dieser Rückstieg nicht mehr gelingt, die auf diese Weise in der Nebenrealität »hängenbleiben« und nicht mehr zur gemeinsamen Realität zurückfinden. Sie fühlen sich dann – wenn der Zustand akut entsteht – plötzlich in ihrem Kontakt zu den anderen Menschen gestört und behindert und dadurch isoliert. Dieser Zustand kann ganz kurzdauernd sein und fällt nur dann auf, wenn der Betroffene in einer solchen kurzen Phase etwas Spektakuläres tut, was er nachher selbst nicht versteht und nicht zu erklären weiß.

Manche zunächst kaum verständliche Straftaten sind dadurch erklärbar. So hatte ein Junge morgens – in Abwesenheit seiner Eltern – seinen noch im Bett liegenden Bruder ohne erkennbaren Anlaß durch Messerstiche schwer verletzt. Er sagte es den Nachbarn. Der gerufene Sanitäter verständigte die Polizei. Dieser gegenüber gab der Junge an: »Ich wollte meinen Bruder töten, ich weiß aber nicht, warum.« Es stellte sich heraus, daß er in der vorausgegangenen Zeit einen Wildwestroman gelesen und sich mit dessen Held offenbar ganz intensiv identifiziert hatte. Ein anderer Junge tötete eines Morgens ohne jeden Anlaß oder erkennbares Motiv seine Großmutter in der Küche mit dem Messer und sagte nachher, er habe sich von ihr plötzlich so sehr bedroht gefühlt. Sie sei wie eine böse Hexe gewesen.

Solche auch für den Täter unerklärliche Taten sind selten, kommen aber immer wieder vor. Dabei sind diese Täter bei der späteren gutachterlichen Untersuchung völlig gesund und psychisch unauffällig. Auch anamnestisch lassen sich keine psychopathologischen Hinweise finden. Tatsächlich könnte man aber sagen, sie waren bei der Tat psychotisch, weil sie in ihrer Nebenrealität gehandelt haben. Sie hatten eine Schizophrenie, die aber nur einige Minuten gedauert hat. Die psychiatrische Wissenschaft erkennt allerdings solche kurzdauernden und passageren Zustände nicht als Schizophrenie an, auch nicht als schizophrene Episode. Dennoch sind solche Zustände anders nicht befriedigend zu erklären (Lempp 1990).

Manche Menschen neigen, wie gesagt, zu einem solchen Verlust der Überstiegsfähigkeit, den wir dann eine Schizophrenie nennen. Eine gewisse Bedeutung haben dabei angeborene, ererbte oder auch frühkindlich erworbene kognitive Teilleistungsschwächen, die in der Erwachsenenpsychiatrie auch als Basisstörungen bezeichnet werden. Dies sind Störungen der Verarbeitung sensorischer Reize, die im allgemeinen nur als umschriebene Leistungsschwächen auffallen, aber doch dazu führen, daß diese Menschen von klein auf die Welt ein wenig anders erfahren und erleben, als die Mehrzahl der übrigen Menschen. Es lassen sich fließende Übergänge und Entwicklungen von solchen Teilleistungsstörungen bis hin zu eindeutigen psychopathologischen Symptomen, wie wir sie bei der Schizophrenie beobachten, nachweisen (Klosterkötter 1989). Diese Teilleistungsstörungen können als eine Ursache dafür angesehen werden, daß die Betroffenen in der Erfassung der Hauptrealität ein wenig unsicherer und in der Fähigkeit zum Überstieg labiler sind. Sicherlich müssen aber bei der Manifestation einer Schizophrenie noch andere Miturachen hinzukommen, oft langfristig wirksame psychosoziale Belastungen.

Diese können Anlaß sein, sich häufig in eine bessere Nebenrealität zu flüchten, worauf es dann bei dafür anfälligen Menschen dazu kommen kann, daß sie in dieser Nebenrealität »hängenbleiben«. Was im einzelnen Fall zu einem »Hängenbleiben« in der Nebenrealität führt, ist nicht sicher zu bestimmen. Vielleicht spielt ein besonderer psychischer Druck eine Rolle oder es kommt bei anhaltendem Druck gewissermaßen zu einer Erschöpfungsreaktion. Es gehört aber stets eine organische Labilität oder Schwäche dazu, daß eine chronische psychische Belastung zum Verlust der »Rückstiegsfähigkeit« führt. Die organische Komponente kann genetischer Natur sein, sie kann die Folge früher Alterationen während der intrauterinen Gehirnentwicklung durch jede Form exogener Insulte sein, also auch durch Virusinfektionen der Mutter, oder durch natale oder postnatale Hinschädigungen verursacht sein, die – wie bereits geschildert – zu kognitiven Teilleistungsstörungen führen können.

Auf die Bedeutung von in der frühen Kindheit erworbenen leichtgradigen Alterationen des noch in der Entwicklung befindlichen Gehirns für die Entstehung einer schizophrenen Erkrankung im späteren Leben wurde von der Kinder- und Jugendpsychiatrie schon seit langem hingewiesen (Keppler et al. 1979). Auch die Schizophrenieforschung der Erwachsenenpsychiatrie hat das in der jüngsten Zeit bestätigt (Häfner 2000).

Man kann also davon ausgehen, daß mit dem grundsätzlich jedem Menschen möglichen Wechsel zwischen den Realitätsebenen und damit auch der grundsätzlich jedem Menschen gegebenen Fähigkeit zur Regression die Möglichkeit zur Entstehung einer Schizophrenie gegeben ist. Auslösende, konstitutionelle und erworbene organische Faktoren sind in jedem Fall nötig, sind aber wohl völlig unspezifisch. Es ist daher nicht sehr sinnvoll, immer weiter nach diesen körperlichen Faktoren zu suchen und jedesmal zu meinen, man habe nun endlich *die* Ursache der Schizophrenie gefunden. Solche Teilfaktoren sind groß an Zahl, aber immer nur ein möglicher Faktor unter vielen anderen. Das gleiche gilt für die Suche nach dem »Schizophrenie-Gen« oder nach einem spezifischen Amin, von dem entweder zuviel oder zuwenig im Gehirn vorhanden ist. Daß alle Denk-, Fühl- und Handlungsvorgänge im Gehirn mit einem physikalisch-chemischen Prozeß verbunden sind, ist eine Banalität. Alles sind unspezifische Faktoren, die dazu beitragen können, daß eine normale psychische Reaktionsweise quasi verunglückt.

Aber es gibt neben dem Fall, daß man nicht mehr aus der Nebenrealität herausfindet, wohl auch den Fall, daß der Betroffene aus der Nebenrealität gar nicht wieder herauskommen »will«. Das könnte dem Bild der sogenannten Schizophrenia simplex oder der »einfach dementen Form« – die gar nicht dement ist – entsprechen. Für diese Deutung spricht auch, daß diese Schizophrenen, im Gegensatz zu den akut erkrankten, keine oder kaum abnorm wirkende affektive Reaktionen zeigen. Sie sind nicht, wie diese, dadurch erregt, daß sie nicht mehr aus der Nebenrealität, die sie selber jetzt als irreal empfinden, herausfinden. Sie möchten, wenn auch unbewußt, gar nicht mehr zur Wirklichkeit zurückkehren, sondern auf Dauer auf sie verzichten.

Mein Lehrer Ernst Kretschmer erzählte in der Vorlesung von einem Patienten, der ihm sein paranoides System ausbreitete. Als Kretschmer ihm erwiderte, das sei aber doch nicht die Realität, habe dieser geantwortet: »Herr Professor, was wollen Sie mit der Realität, ich finde sie scheußlich.«

Daß diese Interpretation der Krankheit Schizophrenie gar nicht neu ist, macht deutlich, wie Eugen Bleuler den Begriff des Autismus des Schizophrenen einführte. Er sagt: »Das keinem Menschen fehlende Bedürfnis, in der Phantasie Ersatz für ungenügende Wirklichkeit zu suchen, kann im Autismus widerstandslos befriedigt werden. Die Phantasieprodukte mögen noch so sehr im Widerspruch zu der Wirklichkeit stehen, für den Kranken kommen sie nicht mit ihr in Konflikt. Sie werden höchstens soweit mit ihr in Zusammenhang gebracht, als sie mit den affektiven Bedürfnissen in Einklang zu bringen sind« (zit. nach M. Bleuler 1971).

Und sein Sohn Manfred Bleuler (1971) sagt dazu: »Das geistige Leben des Schizophrenen rollt in Bildern einer von ihm geschaffenen Welt ab, die seinem Wesen besser angepaßt ist als die wirkliche Welt. Es gleicht in dieser Hinsicht autistischem und mythologischem Denken Gesunder. Der Schizophrene möchte ganz so sein, wie er wirklich ist. Er kann seine innere Widersprüchlichkeit nicht mehr überwinden, indem er sich als konventioneller Mensch unter andere einordnet, wohl aber, indem er sich eine Welt nach seinem Bilde schafft und handelt, als ob er in dieser Welt wäre.«

An anderer Stelle sagt Manfred Bleuler (1971) auch: »Hört man in den Schizophrenen hinein, so bemerkt man etwas, das simplifiziert in nüchterne Worte gefaßt etwa lautet: »Bitte,

bitte, nimm mich, wie ich eben einmal bin.« Das aber ist eine infantile Urforderung des Menschen, und damit bestätigt auch Manfred Bleuler das Wesen der Schizophrenie als das einer Regression.

Wie im Zusammenhang mit dem kindlichen Wahn von der »wandelnden Glocke« erwähnt wurde, sah auch Melanie Klein bereits diese Zusammenhänge von Psychosen, speziell der Wahnkrankheit, der Paranoia und der kindlichen Angstabwehr. Sie schreibt: »Eine der frühesten Abwehrmethoden gegen die Angst ist die Skotomisierung, die Verleugnung der psychischen Realität … Die Angstinhalte und Abwehrmechanismen bilden die Grundlage der Paranoia.«

Wenn wir unter diesem Blickwinkel davon ausgehen, daß die schizophrenen Psychosen eine Form psychischer Regression darstellen, dann läßt sich auch der *Autismus infantum* in dieser Weise zwanglos einordnen. Er ist in gewisser Weise eine schon bald nach der Geburt einsetzende »Schizophrenie«, das heißt, ein Stehenbleiben in der kindlichen Nebenrealität, für die es unterschiedliche Gründe geben kann. Eine frühkindliche Hirnschädigung oder eine genetische Anlage kann zu einer Teilleistungsstörung führen, welche den frühen Kontaktaufbau zur Umwelt – wohl auch manchmal durch negative Milieufaktoren begünstigt – entscheidend beeinträchtigen kann.

Im Unterschied zur erst nach normaler psychischer Entwicklung einsetzenden Schizophrenie, bei welcher der inzwischen erworbene Erfahrungs- und Kenntnisstand in die Krankheit eingebracht wird, ist beim frühkindlichen Autismus die ganze psychische Entwicklung schon durch die grundlegende Kontaktstörung geprägt. Der Autist hält zeitlebens an seiner Nebenrealität fest. Sie ist für ihn die Hauptrealität, und die Realität seiner Mitwelt lernt er, wenn es kein schwerer Autismus ist, allmählich mehr oder weniger so, wie wir uns in die Nebenrealitäten anderer hineinfühlen. Die typischen, reaktiv zu wertenden affektiven Störungen fehlen beim Autismus. Die leichteren Autismusformen vom Typ Asperger werden ihres Andersseins jedoch oft in der Pubertät gewahr und reagieren mit einer Depression. Auch kommt es gelegentlich zu definitiven Dekompensationen in eine typische Schizophrenie (Wolf 1999). Man würde eigentlich die Schizophrenie besser und sinnvoller als einen »sekundären Autismus infantum« bezeichnen (Lempp 1992a).

Gerade bei der Aspergerschen Form des Autismus, die sich nach neueren Untersuchungen (Rühl et al. 2001) nur im Ausprägungsgrad vom klassischen frühkindlichen Autismus, dem Kanner-Syndrom, unterscheidet und oft einen hohen Intelligenzgrad entwickelt, ist die Bedeutung der autistischen Nebenrealität sehr deutlich zu erkennen. In der oft symbiotischen Verbindung zu ihren autistischen Kindern versuchen die Mütter vielfach, sich ganz ihrem Kind und seiner Denkweise anzupassen, wodurch es manchmal dazu kommt, daß die Nebenrealität für beide – für die Mutter und ihr heranwachsendes Kind – bestimmend wird, so daß zeitweise eine Situation einer »folie à deux« entsteht. Das autistische Kind verfügt nur über eine eingeschränkte Fähigkeit zum Überstieg in die gemeinsame Hauptrealität, und die Mutter verliert sie manchmal vorübergehend.

Die Erklärung anderer psychischer Störungen

Aus dieser Sichtweise lassen sich auch andere psychische Störungen sinnvoll erklären. Unter den sogenannten Persönlichkeitsstörungen, die man früher allgemein Psychopathien nannte und die vielfach nur vorwiegend anlagebedingte Charaktervarianten umfassen, ragt die Borderline-Persönlichkeitsstörung besonders heraus. Sie wird sehr häufig diagnostiziert, weil das weite Zwischenfeld zwischen den eindeutigen Psychosen und den allgemeinen, offenbar milieureaktiven Störungen, den Neurosen, mit dieser etwas unbestimmten Diagnose ausgefüllt werden kann.

Das wesentliche Symptom dieser *Borderline-Störung* ist das sogenannte »splitting«, das Abspalten oder Verdrängen gewisser Eigenschaften bei sich selbst – das ist nichts Ungewöhnliches – und bei anderen Menschen. Aber auch einzelne Gegebenheiten der Realität werden abgespalten und nicht wahrgenommen. Diese Menschen erkennen bestimmte Persönlichkeitseigenschaften bei sich und bei bestimmten ihrer Mitmenschen nicht, meist negative oder zu ihrer vorgefaßten Sicht nicht passende Eigenschaften. Auf diese Weise versuchen sie sich die Realität ihrer eigenen Persönlichkeit oder anderer Menschen zurechtzuformen, um besser mit der Hauptrealität umgehen, um sie überhaupt akzeptieren zu können. Daraus entstehen dann viele Beziehungs- und Anpassungsprobleme, die das Störungsbild prägen.

Im Gegensatz zur Schizophrenie bleiben nur einige beschränkte Bereiche in der individuellen Nebenrealität »hängen« und nicht der größte Teil. Sie nehmen diese beständige

Fehlinterpretation der gemeinsamen Realität gar nicht wahr und leiden auch nicht darunter, allenfalls unter den mittelbaren Folgen dieses permanenten Mißverständnisses zwischen ihnen und ihrer Umwelt. Deshalb kommt es in diesen in der Nebenrealität »hängengebliebenen« Bereichen auch nicht zum Überstieg. Ihre Umwelt leidet jedoch unter der umschriebenen Fehlanpassung dieser Menschen und reibt sich an ihr.

Diese teilweise Nichterfassung der Realität ist aber typisch kleinkindlich und entspricht weitgehend der typisch kindlichen Zuschreibung bestimmter Eigenschaften an lebende Objekte und tote Gegenstände. Insofern ist es auch eine Regression oder eine Teilinfantilität. Es gibt sie nicht nur, nach der Vorstellung der Erwachsenenpsychiatrie, als eine anlagebedingte oder früherworbene Charakteropathie, sondern sie kommt in der Zeit der Reifeentwicklung und danach auch als eine vorübergehende Erlebnis- und Reaktionsweise vor und ist somit eine typische Regression.

Aber auch hier muß man sagen, daß solche kleineren Korrekturen an der gemeinsamen Realität eigentlich zum Wesen des Menschen gehören und es auch hier, wie bei fast allen psychischen Störungen und Krankheiten, fließende Übergänge zwischen gesund und krank, zwischen normal und pathologisch gibt. Erst wenn diese individuellen Korrekturen der gemeinsamen Realität zur Störung der sozialen Anpassung und zu Schwierigkeiten in den zwischenmenschlichen Beziehungen führen, werden sie zur Aufgabe für den Psychiater und Psychotherapeuten. Wenn aber nur die Umwelt, die Mitmenschen unter diesen ihre Realität korrigierenden Persönlichkeiten leiden, werden diese als persönlichkeitsgestört bezeichnet.

Bei den vorwiegend milieureaktiven Störungen, die früher unter dem sehr weiten Begriff der *Neurosen* zusammengefaßt wurden, versuchen Menschen auch, vor den Widrigkeiten der gemeinsamen Realität in ihre Nebenrealitäten zu entkommen, behalten jedoch immer die Fähigkeit und dadurch auch die Nötigung zum Rückstieg in die Hauptrealität. So entkommen sie nur zeitweilig und niemals ganz ihren Problemen und Schwierigkeiten und leiden darunter.

Bei der *Angstneurose* ist es gerade umgekehrt. Die Betroffenen fühlen sich gerade durch ihre eigene Nebenrealität bedroht. Sie sehen immer eine Gefahr vor sich, die ihre Vorstellung ihnen vorspiegelt und der sie in der Hauptrealität auszuweichen versuchen. Die *Zwangsneurotiker* haben Angst vor ihren eigenen triebhaften Wünschen, die sie in ihrer Nebenrealität ausleben und die sie quälen, und die sie befürchten in der Hauptrealität zu verwirklichen. Vergeblich versuchen sie sich durch Zwangsrituale dagegen abzusichern.

Auch bei den *dissoziativen Störungen* – früher als Konversionsstörungen oder Hysterie bezeichnet – mit ihren kurzfristigen Erinnerungs- und Kontrollverlusten kann man annehmen, daß diese Amnesie ein Versuch ist, aus der Hauptrealität auszubrechen, wobei es nicht bis zu einer stabilen Nebenrealität reicht oder reichen muß, und es daher nur zu einer Verdrängung kommt.

Für die *Depressionen*, die auf eine traurige Erfahrung oder auf einen schweren Verlust hin reaktiv entstanden sind, kann man Ähnliches annehmen. Hier wird durch das traumatische Ereignis die Zukunftsvorstellung, die ja eine spezifisch menschliche Eigenschaft und Fähigkeit ist, verdüstert und ihr Erleben als nicht mehr erlebenswert oder unerträglich vorgestellt. Die Vorstellung von der Zukunft ist ja ebenfalls eine Form der Nebenrealität, die positiv oder auch negativ aussehen kann. Wenn man sich vor ihr fürchtet oder meint, sie sei ohne Hoffnung und ohne Sinn, entsteht eine Depression – im Grunde eine qualitativ ganz normale Reaktion. Doch wenn die Depression sich fixiert und dem Anlaß in Ausmaß und Dauer nicht mehr adäquat ist, dann wird sie zur psychischen Störung. Warum es dazu kommt, ist nicht bekannt. Hier gibt es auch Übergänge zur »major depression«, zu dem, was früher als endogene Depression abgegrenzt wurde, die teilweise auch als zweiphasische affektive Psychose mit depressiven und manischen Phasen in Erscheinung treten kann. Eine Erblichkeit spielt hier sicher eine Rolle. Jedenfalls liegt eine organische Komponente, die bei Gesunden nicht vorkommt, sehr nahe, da Abweichungen im Tagesrhythmus, der inneren Uhr, nachzuweisen sind. Die affektive Störung, die Depression, entspricht vielmehr einer Unfähigkeit, überhaupt emotional zu empfinden. Der frühere Direktor der Tübinger Nervenklinik, Walter Schulte, bezeichnete das »Nichttraurigseinkönnen« als den Kern melancholischen Erlebens. Er wies darauf hin, daß die Betroffenen oft darüber klagen, daß alles so leer, versteinert, stumpfsinnig, unlebendig und tot sei (1961). Dieser Ausfall der Empfindungsfähigkeit weist sehr auf eine primär organische Störung hin. In diesem Fall kann die Vorstellung von den verschiedenen Realitätsebenen keine Erklärung anbieten.

Natürlich ist auch diese Form der Depression eine Nebenrealität. Wir können hier aber nicht annehmen, daß sie eine bewußt oder unbewußt aufgesuchte Lebenswelt darstellt, die dem eigenen Schutz oder der seelischen Befriedigung dienen könnte. Eher könnte die Depression als eine überwältigende und fixierte Form einer nicht mehr ausgehaltenen Zukunftsangst angesehen werden. Tatsächlich sieht ein krankhaft depressiver Mensch gar keine Zukunft oder allenfalls noch eine negative Zukunft vor sich. Diese ist auch eine Nebenrealität, weil objektiv kein Grund zu solcher Zukunftsangst zu erkennen ist. Es besteht vielmehr der Eindruck, daß der Betroffene von dieser Depression überfallen und ihr ausgeliefert ist, also von etwas dem Menschen Fremdem, etwas Krankhaftem. Dafür spricht der manchmal auf die Stunde genau feststellbare Beginn oder das Ende der Depression oder der Manie. Jedenfalls können wir keine Regression und keine Verwandtschaft mit kindlichem Denken und Fühlen feststellen.

Exkurs: Zur Abgrenzung des Normalen vom Krankhaften

Unter diesem Aspekt verlieren sich die Grenzen zwischen normalen und krankhaften psychischen Rezeptionen und Reaktionen, zumindest für diejenigen psychischen Krankheiten, die man früher als endogen bezeichnet hat, die also nicht durch eine erkennbare organische, chemische oder physikalische Einwirkung von außen entstehen. Sie alle zeigen stets fließende Übergänge zum Normalen. Auch muß man sich fragen, ob Reaktionen des Menschen, die ihm gewissermaßen von Natur aus zur Verfügung stehen, um eine psychische Belastung oder Überforderung zu bewältigen und seine Persönlichkeit zu bewahren, als krankhaft bezeichnet und damit als negativ beurteilt werden dürfen.

Offenbar ist die Fähigkeit, sich unter psychischer Bedrohung auf eine Reaktionsweise zurückzuziehen, die einem in seiner Kindheit, am Anfang seiner psychischen Entwicklung in dieser realen Welt, ein Einleben in diese Welt möglich gemacht hat, eine grundsätzlich jedem Menschen gegebene Schutzmöglichkeit und keine krankhafte Entgleisung.

Ein jüdischer Überlebender des Holocaust, den ich im Alter, 40 Jahre später, über Jahre psychotherapeutisch begleiten konnte, berichtete mir, daß er – in einem Zwangsarbeitslager in Polen – zum Zeitpunkt der Befreiung durch die Sowjetarmee, an die er sich zunächst nur sehr vage erinnern konnte, keine Vorstellung von Vergangenheit und auch keine von der Zukunft gehabt habe. Er habe nur im konkreten Augenblick gelebt. Er war als Junge ins Zwangsarbeitslager gekommen, während seine Familie deportiert und umgebracht worden war, und war schwersten Mißhandlungen ausgesetzt gewesen. Erst im Laufe der psychotherapeutischen Begleitung kamen allmählich die Erinnerungen an die Kindheit und die Angehörigen, auch an die Zeit nach der Befreiung wieder, in der er zuerst völlig plan- und ziellos bei einem Polen lebte und nur durch Zufall – eine Frau forderte ihn auf, mit ihr zu gehen – nach Deutschland kam.

Er hatte damals wie ein Kleinkind nur im Augenblick gelebt, ohne Vergangenheit und Zukunft, was ihm wahrscheinlich überhaupt erst ermöglichte, die damalige Gegenwart im Lager auszuhalten und zu überleben. Dies war für ihn eine rettende Regression. Die langjährige Verdrängung seiner Erlebnisse auch nach der Befreiung – er hatte bald danach geheiratet, bekam Kinder und ging bis zur Altersberentung einer Arbeit nach – stand im Gegensatz zur Hauptrealität. Er hatte auch – bis zur Psychotherapie – mit niemandem jemals über seine Erlebnisse im Zwangsarbeitslager gesprochen, auch nicht mit seiner Frau und den inzwischen erwachsenen Töchtern. Diesen Widerspruch zwischen der früheren, verdrängten Realität und der jetzigen konnte er nur durch zwangsneurotische Symptome aufrechterhalten, und er machte ihm auch Alpträume. Die Erinnerungslosigkeit zeigt in diesem Fall eine gewisse Verwandtschaft zu den dissoziativen Störungen. Sie ist aber viel ausgedehnter und anhaltender. In jedem Fall ist die Reaktionsweise eine Regression in ganz frühkindliche Erfahrungsbereiche aus der Zeit vor dem großen und lang anhaltenden Trauma (Lempp 1998).

Auch in der Schizophreniegenese geht es ja, wie gezeigt wurde, offenbar oft um eine Abwehr psychischer Überforderung, wobei die Grenze der Belastbarkeit individuell sehr unterschiedlich und auch von anlagebedingten oder erworbenen organischen Faktoren abhängig sein kann. Das »Hängenbleiben in der Nebenrealität«, der mißlungene Rückstieg ist daher nicht etwas Krankhaftes, sondern einfach die Reaktion auf eine nicht bewältigte Überforderung. Natürlich ist dieses Ausgesperrtsein von der Hauptrealität und damit von der existentiell nötigen Beziehung zu den Nächsten, zu den anderen Menschen überhaupt eine quälende Situation, und der Betroffene leidet darunter, weil der Versuch, Schutz vor der psychischen Belastung zu finden, wegen seiner aus verschiedenen Gründen ungenügenden Kompetenzen ein Fehlschlag ist und nur zu einer anderen psychischen Belastung führt.

Dennoch ist dies nicht als eine Krankheit zu bezeichnen. Außerdem gibt es ja Schizophrene, deren Störungsbild die Psychiater als Schizophrenia simplex oder als einfach demente Form der Schizophrenie bezeichnen, welche unter ihrer Regression offenbar nicht oder wenig leiden und auf die Beziehung zu den anderen Menschen lieber verzichten als sich der Qual der Realität auszusetzen. Sie sind jedoch nicht, wie man früher glaubte, dement, d. h. geistig abgebaut, sondern bleiben nur in sich selbst zurückgezogen und leben – offenbar zufrieden – in ihrer Nebenrealität. Man kann daher diesen Zustand nicht als krank im eigentlichen Sinne bezeichnen.

Kurt Schneider (1950), der Heidelberger Psychiater und Begründer einer lange Zeit die psychiatrische Wissenschaft prägenden Schule, vertrat die Ansicht, daß es Krankheit im Psychischen nicht geben könne. Nur der Körper könne erkranken. Er bezeichnete daher auch die endogenen Psychosen als »nicht körperlich begründbare Psychosen« und meinte wohl im Grunde »noch nicht begründbar«. Ich denke, er hat im Grundsätzlichen recht.

Aus ganz anderer Sicht, der existenzphilosophischen, so der von Binswanger und Sartre, wird ein normativer Gesundheitsbegriff abgelehnt und die psychischen Symptome als sinnhafte Bestandteile eines »Weltentwurfs« gedeutet (Holzhey-Kunz 2001). Binswanger sah in den psychischen Symptomen der Neurosen und Psychosen deformierte Weltentwürfe, und nach Sartre »macht jedes Individuum sich zu dem, was es ist«. Das letztere leuchtet zwar dem klinisch tätigen Psychiater angesichts des Leidens vieler psychisch gestörter Menschen wenig ein, dennoch befriedigt auch im psychischen Bereich der Begriff einer Krankheit nicht, der der Mensch gleichsam wie einem Naturereignis ausgeliefert ist (Scharfetter 2000).

Es stellt sich daher die Frage, ob es nicht sinnvoller wäre, wenn die Psychiatrie als ärztliche Aufgabe sich nicht an der Definition der Krankhaftigkeit, sondern am Leiden des betroffenen Menschen oder dem Leiden der Menschen, die an ihm leiden, orientieren würde.

Die Quellen der Nebenrealität

Die Nebenrealitäten jedes Menschen stammen zunächst aus dessen eigenem Erleben, das er sich im positiven Fall wieder in Erinnerung rufen oder im negativen Fall in seiner Vorstellung ändern und in eine bessere Gestalt verwandeln möchte. Sie kommen auch, wie zur Zukunftsangst schon gesagt wurde, von positiven und negativen Erfahrungen mit anderen Menschen, deren Rolle man übernehmen möchte oder die man erfolgreich abzuwehren oder zu besiegen wünscht. Nebenrealitäten werden aber ebenso von den Erzählungen und Berichten anderer geprägt. Schon Kleinkinder beziehen in ihre Phantasien ein, was ihnen von Erwachsenen oder von anderen Kindern erzählt, oder womit ihnen – eigentlich in erzieherischer Absicht – gedroht und angst gemacht wurde, etwa vor dem »schwarzen Mann«, vor dem Einbrecher, vor dem Sexualmörder oder auch vor dem »strafenden Gott«.

Schon von alters her haben hier Märchen, überkommene Erzählungen von früheren Zeiten, Sagen und Heiligenlegenden ihre Bedeutung. In den Märchen wird ebenso von bösen Hexen, die bedrohlich sind, wie von starken Menschen berichtet, die Gefahren bestehen, aber auch von glücklichen Schicksalen armer, aber rechtschaffener Menschen, die zu Königen oder Prinzessinnen werden und Macht erlangen oder reich werden und damit Gutes tun. Heute ist an diese Stelle der erhoffte Lottogewinn getreten, der – fast immer – auch nur eine Nebenrealität ist, wogegen allerdings die Märchen nichts kosten. Alle diese mündlichen und später auch die schriftlichen Überlieferungen sind geeignet, sie in der Nebenrealität auszugestalten, zum Beispiel zu einer angstmachenden Vorstellung oder zu einer Erhöhung der eigenen Person mit besonderen Fähigkeiten, Erfolgen, Macht und Anerkennung zum Ausgleich einer als unbefriedigt erlebten eigenen Wirklichkeit. Auch die Literatur, soweit sie nicht nur eine konkrete Information zum Inhalt hat, dient letzten Endes direkt oder indirekt dieser Anregung der Phantasie ihrer Leser. An den beliebtesten Literaturformen, dem Liebes- und dem Kriminalroman, wird das deutlich.

Der Liebesroman bietet eine Geschichte, in der eigene unerfüllte Wünsche befriedigt werden, und der klassische Kriminalroman erzählt, wie das Böse in der Welt in jedem Fall am Ende seiner gerechten Bestrafung zugeführt wird und das Gute siegt. Er stellt stets eine bedrohte Ordnung wieder her. Diese Literatur, wie für frühere Generationen die vielen Karl-May-Bände, fordert zur Identifikation auf. Eine ähnliche Funktion hat der Wildwestroman, der auch für den sicheren Sieg des Guten steht, aber dazu noch einen Helden bietet, der allen Gefahren und Versuchungen mutig trotzt. Die Kriminalliteratur hat auf diesem Wege ihre Heldentypen von Sherlock Holmes über Marlow bis zu Maigret fixiert. Für die weibliche Jugend waren es über lange Zeit die Jungmädchenromane. Diese literarischen Formen waren und sind das Sujet für viele Nebenrealitäten von Jugendlichen und – uneingestanden – auch noch für Erwach-

sene. So ist der Wildwestroman oder -film eigentlich eine Kurz-
fassung der US-amerikanischen Geschichte und die Quelle des
amerikanischen Selbstbewußtseins heute. Alle diese Literaturgattungen wurden von Film und Fernsehen übernommen und
haben im Kriminalfilm sogar die unterschiedlichen Geschlech-
terrollen vereinigt, bei den Bösen wie bei den Guten.

In den letzten Jahrzehnten wurde allerdings der saubere
Kriminalroman mit der klaren Unterscheidung zwischen Gut
und Böse teilweise erweitert zu den Psychos, den Romanen
mit der Darstellung der Zwiespältigkeit von Gut und Böse, in
der Literatur vor allem durch Simenon, im Film wohl zuerst
von Hitchcock. Sie stellten dadurch den Überstieg zur Wirklichkeit, zur Hauptrealität her, stehen aber damit als Vorbild
für uneingeschränkt positive Nebenrealitäten nicht mehr zur
Verfügung.

Die neuen Bildmedien
und die Nebenrealität

Was das Bild für den Menschen und insbesondere für das Kind bedeutet, wird erkennbar, wenn man sich klarmacht, daß jedes Bild zweidimensional ist, Zweidimensionalität aber in der realen Welt nicht vorkommt. Wir erleben, oder besser, wir »begreifen« von klein auf die Welt stets dreidimensional. Die Übertragung der begreifbaren Welt auf ein Bild ist eine Kulturleistung des Menschen in geschichtlicher Zeit. So wurde die Perspektive, der Versuch, die Dreidimensionalität in der Zweidimensionalität zum Ausdruck zu bringen, im 6. Jahrhundert v. Chr. von den Griechen entdeckt. Im Mittelalter bestand kein Interesse an einer realistischen Darstellung, und die Größe der Figuren wurde ihrer Bedeutung gemäß wiedergegeben. Erst in der Renaissance wird die Perspektive »wiederentdeckt«. Diesen phylogenetischen oder kulturhistorischen Prozeß müssen die Kinder in ihrer Entwicklung nachvollziehen.

Nicht umsonst verbieten zwei der großen vorderasiatischen Religionen, das Judentum und der Islam, sich von Gott »ein Bild zu machen«. Denn das Bild würde Gott in einer zwangsläufig zufälligen und individualistischen Weise festlegen und der geistigen Vorstellung von ihm, in der Nebenrealität, keinen Raum mehr überlassen.

Bilder, insbesondere bewegte Bilder, dienen in starkem Maße der Anregung der Nebenrealität, und sie werden gezielt dazu eingesetzt. Das ist das Wesen der Bildwerbung. Aus zwei Gründen gilt dies ganz besonders für Kinder: zum einen, weil Filme schon von kleinen Kindern allein, ohne Mithilfe der Erwachsenen, angesehen werden können, im Gegensatz zum geschriebenen Text, den das Kind erst in der Schule zu lesen lernt. Und erst mit etwa neun oder zehn Jahren ist es soweit, daß es selbständig längere Geschichten lesen und verstehen kann. Zum anderen, weil das beim Erzählen oder Vorlesen Gehörte vom Kind je nach seiner Fassungskraft und Phantasie in einer selbstgewählten Form aufgenommen und gespeichert wird. Deswegen wird ein Kind durch erzählte grausame Geschichten kaum seelisch überfordert. Es bildet die gehörte Geschichte in sich nur so grausam ab, wie es dies ertragen kann. Nur sehr phantasiebegabte Kinder belasten sich dabei manchmal zu stark und leiden darunter oder können nicht einschlafen.

Einer angebotenen bildlichen Darstellung dagegen kann sich niemand entziehen, schon gar nicht ein Kind. Viele Kinder werden durch Horrorfilme nachhaltig geschockt und geschädigt. Sie können sich nur durch Abstumpfen dagegen wehren. Aber auch das Angebot harmloser und nicht belastender Filme bedeutet für Kinder eine Einschränkung ihrer eigenen Phantasiefähigkeit. Wenn etwa das Märchen »Schneewittchen« in einem Videostreifen dargestellt wird, dann sieht Schneewittchen für alle Kinder, die diesen Streifen ansehen und die noch keine starke Vorprägung erfahren haben, in ihrer inneren Vorstellung, in ihrer Nebenrealität, identisch aus, zumindest für eine längere Zeit. Das alles gilt ebenso für die Erwachsenen, wenn auch in etwas geringerem Maße als für Kinder.

Das hat übrigens schon Goethe gewußt. In den »Zahmen Xenien« schreibt er:

Dummes Zeug kann man viel reden,
Kann es auch schreiben.
Wird weder Leib noch Seele töten,
Es wird alles beim alten bleiben.
Dummes aber vors Auge gestellt
Hat ein magisches Recht:
Weil es die Sinne gefesselt hält,
Bleibt der Geist ein Knecht.

Das bedeutet wieder zweierlei. Zum einen, daß die Verbreitungsart des Filmes im Fernsehen die Nebenrealität für viele Menschen identisch gestaltet und damit zu einer Art scheinbarer Hauptrealität macht, obwohl sie weiterhin nur virtuell ist. Jeder, der einen Roman gelesen hat, kennt das Gefühl der Enttäuschung, wenn er danach die Verfilmung gesehen hat. Sie entspricht eigentlich nie der eigenen Vorstellung in der Nebenrealität. Die Nebenrealität, die der Film dem Betrachter aufdrängt, ist selten so gut wie seine eigene.

Die zwingende Wirkung des Bildes wird von der Werbung ganz gezielt ausgenutzt. Ihr kommt die Neigung der kleineren Kinder entgegen, gerne identische Wiederholungen anzusehen, wie sie das Werbefernsehen bietet, weil die identische Wiedergabe ihnen Sicherheit vermittelt, so, wie kleine Kinder auch darauf bestehen, daß Märchen ihnen immer in der möglichst wörtlich gleichen Weise erzählt werden, und viele Kinder in einer bestimmten Entwicklungsstufe darauf bestehen, immer das gleiche Tischgeschirr vorgesetzt zu bekommen. Das entspricht übrigens einer dem frühkindlichen Autismus verwandten normalen Entwicklungsphase, in der eine gewisse »Veränderungsangst« besteht.

Zum andern bedeutet die besondere Fähigkeit des bewegten Bildes, daß es besser als andere Medien geeignet ist, virtuell die Wirklichkeit wiederzugeben, wenn der Film »täuschend echt« gemacht ist. Kinder, die in ihrer Unterscheidungsfähigkeit zwischen Phantasie und Wirklichkeit, zwischen Nebenrealität und Hauptrealität noch unsicher sind, können auf diese Weise in ihrer wichtigen Fähigkeit zum »Überstieg« verunsichert werden und dann in bestimmten Situationen und bei bestimmter innerer Bereitschaft beide Realitätsebenen verwechseln.

Dies wird an so spektakulären und für unmöglich gehaltenen Katastrophen deutlich wie den bewaffneten Überfällen von Kindern auf ihre Mitschüler und Lehrer, die sich zuerst in den USA ereigneten. Wer angenommen hatte, daß dies ein speziell amerikanisches Problem sei, sah sich schließlich durch die Tragödie von Erfurt im Frühjahr 2002 mit der Erkenntnis konfrontiert, daß solche Phänomene in einer globalisierten Gesellschaft nicht auf ein Land beschränkt bleiben. Der Massenmord in Erfurt konnte für den kritischen Beobachter nicht überraschend sein, denn es gab schon in der Zeit vorher in Deutschland Hinweise auf ähnliche Taten, die dem Klischee der Videospiele entsprachen. So ermordete ein Schüler in

Meißen schon vor einigen Jahren seine Lehrerin. Der jugendliche Amokschütze in Traunstein, der wahllos aus dem Fenster schoß und dabei mehrere Menschen tötete oder verletzte und schließlich auch seine Schwester und sich selbst erschoß, war ein Waffennarr und sammelte und betrachtete offenbar regelmäßig harte aggressive Videos. Danach war es auch in Freising zu einer ähnlichen Tat gekommen.

In allen diesen Fällen – davon kann man ausgehen – war es zu einer Identifikation der Täter mit einer rächenden, starken und durch den verbreiteten Schrecken von allen gefürchteten Person gekommen, und das Vorbild dieser Person war in den Medien vielfältig angeboten worden. Der Erfurter Schüler fühlte sich – so muß man nach allem, was man weiß, annehmen – durch den Schulverweis gekränkt und war in eine für ihn unlösbare Situation geraten. So tötete er in dieser selbst gewählten und ihn mächtig machenden Rolle alle, die ihm, wie er meinte, unrecht getan hatten. Erst als ein Lehrer ihn erkannte und ihn mit seinem Namen ansprach, kehrte er aus seiner Nebenrealität in die gemeinsame Hauptrealität zurück. Dann blieb ihm nichts mehr übrig, als sich selbst zu töten.

Kinder und Jugendliche, die regelmäßig Gewaltdarstellungen in Filmen und Videos sehen, leben sich offenbar so intensiv in diese starken Rollen hinein, daß manche von ihnen Realität und Virtualität nicht mehr unterscheiden können. Welche Kinder oder Jugendlichen dafür besonders anfällig sind, wissen wir nicht.

Es ist kein berechtigter Einwand, wenn man argumentiert, Millionen von Kindern sähen solche Videos und machten aus ihrer Phantasie keine Wirklichkeit, also habe dies nichts mit ihrem Videokonsum zu tun. In ihrer Phantasie haben wohl schon seit Anbeginn der Schulpflicht Schüler sich ausgemalt, wie sie ihren Lehrer oder ihre Lehrerin umbringen – aber erst seit etwa zehn Jahren tun sie es wirklich. Ohne diese kontinuierliche visuelle Programmierung war jedes Kind sicher, die Unterscheidung zwischen Phantasie und Wirklichkeit treffen zu können. Der amerikanische Psychologe Dave Grossman von der Militärakademie West Point und Autor des Buches »Stop teaching our kids to kill« sagte kürzlich, die Videospiele der Kinder verfolgten genau dieselben Methoden wie das Militär zur Ausbildung ihrer Spezialeinheiten, die einen Menschen dazu fähig machen sollen, einen anderen zu töten (zitiert nach »Die Zeit« Nr. 8, 2000).

Ähnliche Handlungen, die aus der Verwechslung von Nebenrealität und Hauptrealität entstehen können, finden wir auch gelegentlich bei Teufelsriten und Schwarzen Messen unter Jugendlichen, bei denen es dann auch zu gefährlichen Aggressionen kommen kann, wenn sich einer durch einen Zombie oder etwas Ähnliches bedroht fühlt.

Das andauernde Leben in der Virtualität verleitet manche Kinder und Jugendliche dazu, in diese Welt ganz einzutauchen. Dabei wehren sie sich gegen schockierende Eindrücke mit der Vergegenwärtigung, daß es ja nur ein Film, ein Theaterspiel ist und niemand dabei tatsächlich zu Schaden kommt. Es ist also für sie nicht nötig, ja, völlig unangemessen, mit den Filmopfern Mitleid zu empfinden, das Blut ist ja nur Ketchup. Gefühle zeigen darf man allenfalls als Mädchen bei einem Liebesfilm, nicht aber bei einem harten Actionfilm. Da gilt es Coolness zu wahren.

So gibt es auch keinen Anlaß, Empathie zu lernen und sich in das Filmopfer einzufühlen. Auf diese Weise kommt es zu den eigenartigen und verhängnisvollen Handlungen sonst harmloser und angepaßter Jugendlicher, die Steine von Autobahnbrücken auf vorbeifahrende Autos werfen, teilweise ungezielt hinter einer Blende hervor, unter dem Kitzel, ob man trifft oder nicht. Daß da ein Mensch im Auto sitzt, der verletzt oder gar zu Tode kommen könnte, wird völlig verdrängt. Beim Computerspiel erschießen sie doch regelmäßig menschliche Figuren und niemand findet etwas dabei, weil ja doch alles nur ein Spiel, nur Nebenrealität ist. Aber die Sicherheit bei der Unterscheidung zwischen Haupt- und Nebenrealität geht unter solcher Prägung leicht einmal verloren.

Deshalb sind die Filmdarstellungen für Kinder in Form der Zeichentrickfilme nach Walt Disney und ähnlichen vergleichsweise harmlos, weil sie sich in ihrer Art auch für ein kleines Kind klar von der Realität unterscheiden und den Charakter der Nebenrealität verdeutlichen.

Aber auch die Erwachsenen werden in ihren Nebenrealitäten zunehmend durch die Bildmedien geprägt. Das Angebot an entlastenden Inhalten für eine angstentlastende Nebenrealität, mit deren Hilfe es möglich ist, den Schwierigkeiten zu entfliehen, vor welche die Hauptrealität den Menschen täglich stellt, ist groß und wird immer größer. Filme und Videostreifen wie »Superman«, »Batman« bieten jede Form von Allmachtsphantasien an und vermitteln damit in der Nebenrealität ein Gefühl der absoluten Sicherheit und Unbesiegbarkeit. Ähnliche Allmachtsphantasien vermitteln Zukunftsserien wie »Raumschiff Enterprise«. Sie lassen an phantastischen Abenteuern teilnehmen. Familiensoaps vermitteln den nebenrealistischen Genuß, an den Glücks- und Unglücksfällen anderer »normaler« Menschen gefahrlos teilnehmen zu können oder in der »Schwarzwaldklinik« sich mit dem untadeligen und bewundernswerten Chefarzt zu identifizieren. Horrorfilme dienen der Angstabwehr, indem sie die diffusen und gar nicht definierbaren eigenen Ängste scheinbar konkretisieren. Von der scheinbar realen und faßbaren Bedrohung kann man sich dann jederzeit in eine doch viel bessere und sicherere Hauptrealität zurückziehen. So geht von Horrorfilmen eine – allerdings nur kurz anhaltende – Entlastungswirkung aus.

Diese heile Welt mit einer klaren Trennung von Gut und Böse in Roman oder Film, übertragen auf die Wirklichkeit, in der in jedem Menschen tatsächlich stets beides gleichzeitig vorhanden ist, befriedigt aber den tiefen Wunsch der meisten Menschen nach einer klaren Ordnung, in der sie in dem Mitmenschen neben sich entweder das nur Gute oder das nur Böse sehen. Der Schwarzweiß-Darstellung der klassischen Krimis wird stets das größere Interesse der meisten Menschen gelten.

Gut und Böse

Es ist offenbar ein Bedürfnis der Menschen, die unüberseh-
bare Vielfältigkeit der Charaktere der anderen Menschen in
eine bestimmte übersichtliche Ordnung einzugliedern. Dabei
kommt es unvermeidlich zu Pauschalierungen und Verfäl-
schungen im Einzelfall. Dies gilt vor allem für Werturteile
über andere, für die klare Unterscheidung und eindeutige
Zuordnung zu Gut und Böse. Dieses weitverbreitete, undiffe-
renzierte Ordnungsbedürfnis bedienen jederzeit die Werbung
und in der Werbung für sich selbst viele Politiker und in
ihrem Dienst die Gazetten.

Zur Zeit des Kalten Krieges waren das Gute und das Böse
relativ klar mit dem Eisernen Vorhang abgegrenzt. Alles, was
jenseits desselben stattfand oder lebte, konnte zunächst einmal
ohne großes Risiko der Kategorie des Bösen zugeordnet werden,
und wer mit den Menschen der anderen Seite Kontakt suchte,
mußte, sofern sie nicht eindeutig zu den dort Leidenden zähl-
ten, damit rechnen, daß sein eigenes Gutsein in Zweifel gezogen
wurde. Man hatte Berührungsängste. Die Tendenz, alles Feind-
liche als böse zu erklären, von der »Achse des Bösen« zu sprechen, besteht auch nach Ende des Kalten Krieges weiterhin.

Auf der eigenen – natürlich der guten – Seite kann man,
solange es soviel Böses auf der andern Seite gibt, manches tole-

rieren, was vielleicht nicht ohne weiteres als »gut« bestätigt werden kann. Solange er eindeutig zur eigenen, guten Seite gehört, kann man ihm manches nachsehen, ja, man ist darum bemüht, den zweifelhaften Kandidaten nicht auszugliedern, sondern ihn bei der Stange zu halten. Man ist nicht nur – begrenzt – tolerant gegen Andersdenkende, man gefällt sich auch in Bemühungen um eine Resozialisierung derjenigen, die dissozial oder auf andere Art abweichend geworden sind.

Die sichtbare Mauer zwischen Gut und Böse ist gefallen. Aber eine pauschale Zuordnung ist immer noch möglich. Die Unterteilung in Gut und Böse verlagert sich mehr und mehr auf kleinere Bevölkerungsgruppen und Zugehörigkeiten zu Minderheiten oder ideologisch geprägten Gruppen. Vor allem aber sind die Bösen nun plötzlich in ihren Gruppierungen mitten unter uns, und es muß hier unterschieden werden: Deutsche sind gut, Ausländer böse, Serben waren zur Zeit des Kosovokrieges bitterböse, Kosovaren dagegen zunächst gut; Skinheads sind böse, Kerzenkettenbildende gut, und so weiter. Auch die Bereitschaft, mit jugendlichen Straffälligen, obwohl sie böse waren, unter dem Gesichtspunkt der Resozialisierung hilfsbereit umzugehen, verschwindet allmählich, und es wird die Forderung nach strengerer Bestrafung und nach Zuständigkeit der Justiz auch für zwölfjährige Kinder von Leuten gefordert, die es eigentlich besser wissen müßten.

Zweifellos, eine sichere Unterscheidung zwischen Gut und Böse, eine klare Wertordnung ist für Menschen, die in einer Gemeinschaft leben wollen oder müssen, sei es eine Familie, ein Volk oder eine Völkergemeinschaft, notwendig. Tieren in Gemeinschaft ist ein bestimmtes, einer Ordnung verpflichtetes

Verhalten instinktiv angeboren, der Mensch dagegen muß es erst lernen. Es muß klar sein, daß das Böse auch böse ist und das Gute gut, auch wenn vieles dazwischen liegt. Solche Wertordnungen beziehen sich jedoch zunächst nur auf die Tat, auf das Handeln, das gut oder schlecht sein kann, und noch nicht auf den Menschen, der so oder anders handelt.

Der Schluß, daß ein Mensch, der Böses tut, auch böse ist und derjenige, der Gutes tut, auch gut ist, dieser Schluß wird zwar allgemein schnell gezogen, ist aber nichtsdestoweniger unzulässig. Nur das kleine Kind denkt noch so, und für das Kind ist bis zu einem bestimmten Alter, etwa ins Grundschulalter hinein, der Mensch und sein Handeln noch eine Einheit – Gut und Böse schließen sich für das Kind dabei noch vollkommen aus. Wer Böses tut, ist böse, und wen das Kind liebt, ist gut. Das Kind weiß noch nicht, daß beides oft dicht beieinander liegt und daß oft – nein, immer – beides nebeneinander im Menschen als Möglichkeit seiner Persönlichkeit vorhanden ist.

Deswegen finden sich Kinder oft nicht zurecht, wenn sich ihre Eltern im Streit scheiden lassen, und sie dann den einen Elternteil, den sie bisher geliebt und für gut gehalten haben, für böse halten sollen und gegen die eigene Erinnerung schlecht von ihm denken und reden. Kinder können nicht anders denken, denn Gut und Böse sind noch unvereinbare Eigenschaften. Entweder so oder so, aber nicht beides nebeneinander. Erst in der Vorpubertät oder noch etwas später ist es den meisten Kindern möglich, sich selbständig mit einem eigenen Urteil und in einer selbständigen Position zwischen die sich streitenden Eltern zu stellen und zu akzeptieren, daß

Gut und Böse auch im selben Menschen vereint sein können. Einzelne Kinder sind dazu auch schon früher, etwa im Grundschulalter, fähig. In gewisser Weise bedeutet das für letztere aber eine verfrühte Reife und damit einen Verzicht auf ein Stück ihrer Kindheit.

Tatsächlich gibt es keine nur guten und keine nur bösen Menschen. Nur gute Menschen wären wie Gott und nur böse wären unmenschliche Teufel. Aber selbst beim schlimmsten Massenmörder kann man gute und menschliche Anteile finden. Auch Jürgen Bartsch, der Ende der 60er Jahre mehrere Kinder sexuell mißbraucht und grausam umgebracht hat und den ich einst als Jugendpsychiater gemeinsam mit anderen Psychiatern zu begutachten hatte, verfügte über gute menschliche Eigenschaften und Qualitäten. Und auch die besten Menschen haben schlechte Anteile, die man dann Schwächen nennt und die sie erst menschlich machen.

Aber beides, das Gute und das Böse, nebeneinander in sich zu erkennen und anzuerkennen, ist für viele Menschen schwer auszuhalten, und daher neigen sie dazu, das Böse zu verleugnen – es abzuspalten, sagen der Psychologe und der Psychiater. In der Frühphase der Entwicklung sind solche Spaltungsprozesse etwas Normales, weil das Kind diese abgespaltenen bösen Anteile noch nicht zu integrieren vermag (Loch 2001). Auch Erwachsene schreiben das, was sie abspalten, gerne einem andern zu, den sie aus anderem Grunde für böse halten. Als wirklich Böser entlastet dieser uns dann. Denn wenn andere wirklich böse sind, dann sind wir jedenfalls besser, dann sind wir die Guten. Wenn die Realität oder das Gewissen den einzelnen daran hindert, erfolgreich und anhaltend abzuspalten, dann laufen manche Gefahr, neurotisch oder gar psychotisch, schizophren zu werden. Bei Menschen, die anhaltend ihre bösen Anteile bei sich selbst und anderen, die sie schätzen, abspalten und auf andere, die sie nicht schätzen, projizieren, stellen die Psychiater eine Borderline-Persönlichkeitsstörung fest.

Die Wut aber, die uns packt, wenn wir von feigen Aggressionen gegen Wehrlose hören, ist auch das Erschrecken über das eigene aggressive Potential in uns, und mit den harten Strafen, die wir gegen die Aggressoren lautstark fordern, versuchen wir uns im Grunde vor uns selbst zu schützen. Man ist immer über solche Taten besonders entrüstet und ihnen gegenüber besonders unduldsam, die einem selbst am nächsten liegen.

Um es deutlich zu sagen: Es geht nicht darum, den Unterschied zwischen gut und böse aufzuweichen oder gar verschwinden zu lassen. Genausowenig geht es darum, alles verstehen zu wollen, um dann alles verzeihen oder gar vergessen zu können. Es gibt gute und schlechte Taten, gutes und schlechtes Handeln. Ein Mord bleibt ein Mord – auch wenn vielleicht die rechtliche Definition nicht mehr ganz zeitgemäß ist, wenn beispielsweise der Waffenhändler, der zumindest den Tod Unschuldiger »billigend in Kauf nimmt«, kein Mörder genannt werden darf – und Diebstahl bleibt Diebstahl, selbst wenn der Dieb im Kaufhaus vorsätzlich dazu verführt wird. Das böse Tun muß als solches auch benannt werden.

Aber ist der Täter, der Böses tat, deswegen schon ein grundsätzlich böser Mensch? Es ist nicht richtig, aus dem Tun und Handeln eines Menschen schon auf seinen Charakter insgesamt zu schließen. Im Grunde geht es uns vielmehr darum, daß wir unser Gewissen und unseren psychischen Haushalt dadurch zu salvieren versuchen, daß wir andere als Sündenböcke mit unseren Fehlern beladen und in die Wüste schicken.

Wir reagieren wie die Kinder, die das menschliche Wesen und das menschliche Handeln noch nicht voneinander trennen können. Unser Wunsch nach einer klaren Trennung von Gut und Böse bei unseren Mitmenschen ist daher eine infantile Nebenrealität, eine Regression. Das gilt auch für die Suche nach dem »reinen Helden«, dem makellosen Vorbild, das uns selbst möglichst makellos erscheinen lassen soll. Das ist infantil, zumindest puberal. Es gibt keine nur guten und keine nur bösen Menschen, aber viele schwache. Ein Zeichen der Stärke – und der Reife – aber ist die Toleranz, nicht die gegenüber den Taten, aber diejenige gegenüber den Menschen.

Ich habe als Gerichtsgutachter eine große Zahl Jugendlicher, aber auch Erwachsener eingehend psychiatrisch untersucht, die wegen eines Tötungsdelikts angeklagt und verurteilt wurden. Ich fand keine Monster darunter. Ihre Taten waren vielfach einfach »zwischenmenschliche Unfälle«. Sie alle waren Menschen mit Schicksalen und mit guten und weniger guten Eigenschaften, aber mit einer mehr oder weniger ausgeprägten Schwäche (Lempp 1977 u. 1993). »Pure Bosheit gibt es nicht«, sagte mein Lehrer Ernst Kretschmer oftmals. Sie hat immer einen Grund, und der liegt in einer Schwäche gegen Versuchungen, gegen Angst vor vermeintlichem Verlust an Ansehen und Macht, vor Blamage – einer Schwäche gegenüber den eigenen triebhaften Wünschen. Es gibt, so meine ich, keine bösen Menschen, nur schwache Menschen (Lempp 1995a).

Gilt das für alle? Zum Beispiel auch für einen Hitler, der über Millionen Menschen Tod, Qual und Verderben gebracht und die Welt in eine Katastrophe gestürzt hat?

Leben in der Nebenrealität – das Beispiel Hitler

Daß auch ein Mensch wie Hitler ein im Grunde schwacher Mensch gewesen ist, macht die hervorragende, äußerst gründliche Hitler-Biographie des Engländers Ian Kershaw (1998, 2000) deutlich. Sie macht allerdings auch deutlich, wie gefährlich schwache Menschen sein können, wenn ihnen unkontrollierte Macht verliehen wird.

Nach dem Tod seiner Mutter glitt der damals 18jährige Hitler in Wien sozial völlig ab und lebte praktisch in der Obdachlosenszene. Schon zu dieser Zeit lebte er in Phantasien, das heißt, er zog sich in dieser katastrophalen Lebenssituation in Nebenrealitäten zurück, die für ihn im wesentlichen sein ganzes Leben lang bestimmend werden sollten. Der Beginn des Ersten Weltkriegs, den er in München erlebte, führte ihn wieder in die bergende Sicherheit einer totalen Gesellschaft, das deutche Militär, die er bis zuletzt positiv erlebte. Das Kriegsende im Lazarett in Pasewalk war für ihn eine ganz persönliche Katastrophe. Er blieb auch nach seiner Entlassung aus dem Lazarett beim Militär in München, wo er wegen seiner Begabung als aufpeitschender Redner die für ihn unentbehrliche Anerkennung und Förderung durch rechtsgerichtete Offiziere fand. Diese Anerkennung führte Hitler bald

an die Spitze der neugegründeten NSDAP. Selbst die Niederlage des Novemberputsches 1923 geriet für ihn zur Selbstbe-
stätigung und Aufwertung neben dem in rechten Kreisen und
weit darüber hinaus hochangesehenen General Erich Luden-
dorff. Selbst im Hochverratsprozeß 1924 erfuhr er Anerkennung und Hochachtung vom ebenfalls rechtsorientierten Ge-
richtsvorsitzenden.

In den folgenden Jahren stützte er seinen Selbstwert einerseits durch eine Phantasie von der jüdisch-bolschewistischen
Weltverschwörung, welche er für die Niederlage 1918 und für
alle negativen Folgen für das Deutsche Reich verantwortlich
machte. Diese ausgedachte Welt, die von vielen geteilt wurde,
beherrschte zunehmend sein Denken und Handeln und entwickelte sich schließlich zur echten Paranoia mit Wahnge-
wißheit. Andererseits umgab er sich mit einem Kreis von gläubigen Anhängern, die ihm stets bereitwillig zustimmten und
ihn bestätigten. Er ertrug keinerlei Kritik. Wer ihm auch nur
in Einzelheiten widersprach, wie beispielsweise die Brüder
Strasser, wurde ausgestoßen und ausgeschaltet. Stärke und
Härte konnte er nur zur Aufrechterhaltung seiner Nebenrealität beweisen. Der Kreis der kritiklos Gläubigen um ihn ver-
größerte sich im Lauf der Jahre auch durch Opportunisten
und Karrieristen. In vorauseilendem Gehorsam bemühten sich
manche seiner auch mit Macht ausgestatteten Paladine das zu
realisieren, was er in seinen Monologen ständig predigte, so
daß Hitler vieles, was an Verbrechen geschah, gar nicht selbst
ausdrücklich anzuordnen brauchte. Derjenige, der ihn bis zum
letzten Tag beständig bestätigte – zuletzt wider besseres Wissen
–, war sein engster Berater Joseph Goebbels.

In den Zeiten seiner größten politischen Erfolge von der Rheinlandbesetzung und von der friedlichen Vereinigung mit Österreich bis zum erfolgreichen Blitzkrieg gegen Frankreich im Frühjahr 1940 konnte er sich noch am ehesten der Realität stellen und sich mit ihr auseinandersetzen. Da es sich bei der Betonung der jüdisch-bolschewistischen Gefahr bei ihm um eine Nebenrealität handelte, konnte er sie im Hitler-Stalin-Pakt 1939 vorübergehend beiseite schieben. Im Feldzug gegen die Sowjetunion 1941 stützte er sich wieder ganz auf diese fixe Idee, in der er sich als der Messias zur Rettung der Kultur und der ganzen Welt sah. Sie beherrschte ihn bis zum Ende völlig. Mit den ersten Problemen im Winter 1941/42 begann er sich auch gegen die konkrete Wirklichkeit immer mehr abzuschotten. Dies wurde in der verheerenden Niederlage bei Stalingrad deutlich.

Er bestätigte sich selbst in ständigen Monologen, bei seinen seltener werdenden öffentlichen Reden, die immer um dasselbe Thema seiner Wahnvorstellungen kreisten, besonders aber in den regelmäßigen Reden vor seinen »alten Kämpfern«, den treuen Parteigenossen und Gauleitern, ja, sogar in fast täglichen ermüdenden Tiraden im engsten Kreis bei Tisch mit seinen Sekretärinnen und seiner Entourage im hermetisch abgeriegelten Hauptquartier. Eine isolierte, auf sich selbst angewiesene Umgebung ist besonders günstig zur Pflege von Nebenrealitäten, ähnlich wie bei kleinen Sekten. Auch der Umstand, daß Hitler offenbar keinerlei Sinn für Humor besaß, ist ein Beleg für seine grundsätzlichen Schwierigkeiten mit dem Überstieg.

In der letzten Zeit des Krieges weigerte er sich stets, eine der von alliierten Bomben zerstörten deutschen Städte zu besuchen, gegen den dringenden Vorschlag Goebbels', der dies zur Hebung der Moral der Bevölkerung für notwendig hielt. Nach dem Anschlag vom 20. Juli 1944 war es für ihn Gewißheit, daß der von ihm schon lange befürchtete Verrat der deutschen Generalität allein die Schuld an den negativen Entwicklungen des Kriegsgeschehens trage. Als auch für ihn in den letzten Kriegswochen im Bunker in Berlin die Realität nicht mehr verdrängt werden konnte, hoffte er noch – völlig irreal – auf ein Wunder und sah alle Schuld an diesem Scheitern nur bei anderen. In keinem Augenblick war er in der Lage, einen eigenen Fehler zu erkennen, nur den, den Generalen zu lange vertraut zu haben.

Daß ein Mann, der aus Schwäche seines Selbstwertgefühls sich der Wirklichkeit nicht stellen und sich damit nicht sachlich auseinanderzusetzen vermochte, so über zwölf Jahre eine unbeschränkte Macht ausüben konnte, die den Mord an Millionen Juden und Sinti und Roma und eine Katastrophe für ganz Europa, aber auch für Teile von Asien bedeutete, wäre nicht möglich gewesen, wenn nicht auch die deutsche Bevölkerung in ihrer Mehrheit von dieser Selbstwertschwäche betroffen gewesen wäre. Diese rührte, nicht unähnlich derjenigen Hitlers, nicht zuletzt aus dem kollektiv als beschämend und ungerecht empfundenen Versailler Vertrag von 1919, aus den wirtschaftlichen Schwierigkeiten und der ungeliebten und als Versager angesehenen Weimarer Regierung. Der noch vom Kaiserreich tradierte und ehemals fest im Volk verankerte Nationalstolz war schwer beschädigt worden. Das alles trug dazu bei, daß viele Menschen in Deutschland einen starken Mann herbeisehnten, der sie aus dieser beschämenden und mißlichen Lage befreien möge. Die Parteien der Linken waren beim Bürgertum nicht akzeptiert. Deren Versprechen waren für die meisten nicht glaubhaft.

Ein großer Teil der Bevölkerung war deswegen bereit, für sich auch eine Nebenrealität anzunehmen, die ihren Wunschphantasien zu entsprechen schien. Als dann Hitler anfangs wirtschaftlich und später auch militärisch Erfolge hatte, schien für viele diese Vorstellung zur Realität zu werden. Hitler wurde daher bald von einer Mehrzahl in diese Rolle eines gottgesandten Führers erhoben, der – ganz im Sinne einer Nebenrealität – auch zur Aufrechterhaltung des eigenen Glaubens, gegen die sichtbaren Fehler und gewaltsamen Übergriffe seiner Gefolgsleute in Schutz genommen wurde durch die entschuldigende Sorge: »Wenn das der Führer wüßte!« Man wollte nichts wissen, um seine eigene Nebenrealität aufrechterhalten zu können. Gleichzeitig sorgte der zunehmende Terror dafür, daß sich aufkommende Zweifel und Gegnerschaft nicht mehr äußern konnten. Dazu kam auch eine seit dem Kaiserreich in einer hierarchischen Ordnung anerzogene und internalisierte Verpflichtung zum unbedingten Gehorsam gegenüber jedem Vorgesetzten, die einen der eigenen Verantwortung enthob und Auschwitz erst möglich machte.

Diese Situation war keineswegs auf das Verhältnis zwischen dem Durchschnitt der deutschen Bevölkerung und ihrem Führer Adolf Hitler beschränkt, es gab sie auch schon zu Kaiser Wilhelms Zeiten zu Beginn des Ersten Weltkrieges. Der Journalist und Schriftsteller Sebastian Haffner schrieb zu Beginn des Jahres 1939 über seine Kindheitserinnerungen – das

Buch erschien erst im Jahre 2000 – im Zusammenhang mit der Kriegsbegeisterung von 1914:

>*Die Massenseele und die kindliche Seele sind sehr ähnlich in ihren Reaktionen. Man kann sich die Konzeptionen, mit denen Massen gefüttert und bewegt werden, gar nicht kindlich genug vorstellen. Echte Ideen müssen, um massenbewegende historische Kräfte zu werden, im allgemeinen erst bis auf die Fassungskraft eines Kindes heruntersimplifiziert werden. Und eine kindische Wahnvorstellung, gebildet in den Köpfen von zehn Kinderjahrgängen und vier Jahre hindurch in ihnen festgenagelt, kann sehr wohl zwanzig Jahre später als tödlich ernsthafte › Weltanschauung‹ ihren Einzug in die große Politik halten.*«*

Haffner begründet damit das Verhalten der deutschen Bevölkerung gegenüber dem Nationalsozialismus. Er beschreibt hier eindrucksvoll die Bereitschaft der »Massen« auf den geistigen Status von Kindern zu regredieren.

Hitler war ein in besonderem Grade schwacher Mensch, dessen Schwäche ein ebenfalls schwaches Volk nicht erkennen wollte. Es gibt allerdings auch den scheinbar starken Menschen, der von seiner rassistisch und völkisch geprägten nationalsozialistischen Nebenrealität auch dann noch überzeugt blieb, als die Katastrophe von 1945 ihr Scheitern doch unübersehbar demonstriert hatte. Ein Beispiel dafür ist der Organisator, Personalchef, Justitiar und Ideologe der Gestapo und spätere Reichsbevollmächtigte im besetzten Dänemark, Werner Best, wie kritisch-biographisch von dem Historiker Ulrich Herbert (2001) überzeugend gezeigt wurde. Auch als ein hochintelligenter, qualifizierter und sonst keineswegs unkritischer Jurist fühlte er sich nach dem Kriege durchaus frei von Schuld in einer in sich scheinbar stimmigen und ethisch fundierten selbstgebauten Weltanschauung, deren Scheitern er allein im Abweichen Hitlers und Himmlers von der eigentlichen Idee des Nationalsozialismus sah. Wir werden diesem Typus beim Fundamentalismus wiederbegegnen. Daß auch er letztlich ein schwacher, Sicherheit suchender Mensch war, zeigte sich in seinen Nervenzusammenbrüchen und seinem Selbstmitleid während der Haft und der gegen ihn laufenden gerichtlichen Verfahren. Auch er vermochte es nicht, seine Nebenrealität an der Hauptrealität, an der Vernunft zu überprüfen, seine eigene Position in Frage zu stellen und sich selbst »von außen zu betrachten« (Lempp 1992). Psychiatrisch gesehen gehört er damit auch zur großen Gruppe der Persönlichkeitsstörung vom Borderline-Typ.

Die Fähigkeit sich in Nebenrealitäten zu begeben.

Gesellschaftliche Nebenrealitäten

Es gibt auch Nebenrealitäten, die nicht im Individuellen verborgen bleiben, sondern in bestimmten Kreisen, ja, in ganzen Völkern und anderen Gemeinschaften diskutiert werden, Anhänger finden und schließlich auch nachhaltige und prägende Auswirkungen auf die Gesellschaft gewinnen können. Das sind die philosophischen, sozialen und politischen Theorien und nicht zuletzt die Religion. Es sind zunächst abstrakte, ausgedachte Theorien von den Menschen, ihrer Entwicklung im Laufe der Geschichte, ihrem Verhältnis untereinander und von der Welt und deren Gesetzmäßigkeit und Ordnung.

So suchen die Philosophen nach einer sinnvollen Ordnung im Geschehen der Welt und der Menschheit, wobei oft der Wunsch, eine ständige Höherentwicklung mit dem Ziel eines Idealzustandes beweisen zu können, dahinter steht, so seit Platon bis Hegel und Marx. Es ist die Phantasie, die menschliche Vernunft werde sich letztlich auf dem Weg zu diesem Ziel durchsetzen.

Solche Theorien sind gesellschaftliche Nebenrealitäten, deren öffentliche Diskussion zu größeren ideellen Gruppenbildungen führt, die einem »-ismus« anhängen. Wenn eine solche Gruppe sich durchsetzen kann und Macht gewinnt, dann kann sie sehr konkret in die Wirklichkeit eingreifen, und für die davon Betroffenen werden ihre Ideen zur Hauptrealität. Gleichwohl bleibt die Theorie, auf die sie sich stützt, immer eine Nebenrealität, ein nur gedachtes Ordnungssystem, das zunächst aus Überzeugung und zur Überwindung offenbarer Ungerechtigkeiten und Mißstände von vielen bereitwillig übernommen wird und den Zeitgeist prägt, aber doch in aller Regel sich nicht bewährt, auf diese Weise an Überzeugung und Bedeutung verliert und verschwindet, um vielleicht in ferner Zeit in neuer Variation wieder aufzutauchen.

In der Geschichte der Neuzeit war die Zeit der Aufklärung im 18. Jahrhundert ein solcher massiver Einschnitt in die Gesellschaftsordnungen der westlichen Welt, initiiert durch die Französische Revolution unter der Forderung nach »Freiheit, Gleichheit, Brüderlichkeit«. Tatsächlich hat sie seither zweifellos für viele mehr Freiheit als vorher gebracht, für andere dagegen weniger. Sie hat mehr Gleichberechtigung gebracht, aber keineswegs für alle, und von der Brüderlichkeit blieb nichts übrig, im Gegenteil. Die größten Kriege und Katastrophen der Menschheitsgeschichte kamen erst in den Jahrhunderten danach.

Die Ansätze zu solchen Theorien sind alle durchaus vernünftig und sinnvoll. Warum scheitern sie dann letztlich doch und erreichen ihr Ziel nicht? Es liegt daran, daß nur der menschliche Verstand, die Vernunft des Menschen gesehen und berücksichtigt wird und nicht seine Emotionen. Erst diese machen den Menschen als eine kulturschaffende, aber auch kulturzerstörende Spezies aus. Zu den menschlichen Emotionen gehören die Liebe, aber auch die Angst und mit dieser –

wie bereits beschrieben – die Aggressivität. Die Emotionen einzelner oder ganzer Gruppen bringen die Gebäude der Vernunft daher immer wieder zum Einsturz.

Die Idee des Kommunismus ist im Grunde ideal, übersieht aber, daß der Mensch egoistisch ist und nicht immer verzichten will und kann, und seine Vertreter selbst zeigen das am deutlichsten. Wenn sie nur einmal die Macht dazu haben, dann bereichern sie sich. Die Angst vor Machtverlust ist eines der stärksten Motive und läßt jeden Mächtigen seine Macht mißbrauchen. Daß Macht den Mächtigen grundsätzlich und offenbar unvermeidlich auf die Dauer korrumpiert, ist dem Menschen innewohnend und läßt sich auch durch Erziehung nicht vermeiden, weil Erziehung auf Vorbild beruht und nicht auf Zwang, und es am prägenden Vorbild mangelt (Klosinski 1995).

Der Kommunismus spekuliert mit den guten Eigenschaften des Menschen, auf Verzichtbereitschaft, Bescheidenheit, Solidarität und »Brüderlichkeit«, der Kapitalismus dagegen spekuliert mit den schlechten menschlichen Eigenschaften, dem Egoismus, dem Neid und der Rücksichtslosigkeit. Darum setzt sich der Kapitalismus allemal durch unter Verzicht auf Gleichheit und Gerechtigkeit. Die Armen können allenfalls hoffen, daß die Reichen genügend für sie abgeben. Der Mensch ist von seiner Natur her offenbar nicht so geschaffen, daß er um idealer Ziele willen auf seine ihm innewohnenden Triebe und emotionalen Wünsche auf die Dauer verzichten und sie auf längere Frist steuern könnte.

Gesellschaftliche Ideologien finden regelmäßig viel Gefolgschaft, weil sie ihren Anhängern in der gemeinsamen Ideologie

die Geborgenheit in einer Gemeinschaft bieten und weil sie
überzeugend eine bessere, das heißt angstfreie oder wenigstens
angstärmere Zukunft verheißen. Beides suchen die Menschen
ihrer Natur nach. Sie regredieren in eine Geborgenheit, wie sie
sie zur Kinderzeit erlebt haben, und erfahren in der Nebenrealität der Ideologie eine Entlastung ihrer Gegenwartsangst.
Sie nehmen dabei gegebenenfalls auch eine Einschränkung der
Selbständigkeit und Freiheit in Kauf. Deshalb haben solche
politischen Ideologien immer dann lebhaften Zulauf, wenn es
den Menschen nicht gutgeht oder sie meinen, es gehe ihnen
nicht gut genug. Es handelt sich also um eine typische Regression.

Die Begeisterung der Menschen für einen führenden Politiker, Präsidenten oder Staatsmann ist daher immer ein Zeichen
der Regression. Das gilt nicht für die Verehrung eines solchen.
Verehrung ist retrospektiv und entspricht einer Hauptrealität,
Begeisterung dagegen ist unkritisch prospektiv und entspricht
einer Nebenrealität.

Die Religion

Hierher gehören schließlich auch die Religionen. Auch sie sind
zunächst Nebenrealitäten. Als Phänomen wird Religion als
»die Überschreitung der mit den Sinnen erfahrbaren Welt zu
einem sinngebenden Jenseits« bezeichnet.

Stellt das Haeckelsche biogenetische Grundgesetz fest, daß
die Phylogenese von der Ontogenese gewissermaßen im Zeit-
raffer wiederholt wird, dann darf man auch umgekehrt bei der

Erforschung der Phylogenese von der Hypothese ausgehen, daß wir die Entwicklungsschritte, die wir beim Kinde beobachten können, auch in der Entwicklung der Menschen in entsprechender Form annehmen dürfen. Das heißt, daß mit dem Einsetzen eines Bewußtseins von der eigenen Person auch die Ängste vor der eigenen Zukunft und die Reflexion über die eigene Stellung in der sinnlich erfahrbaren Welt einsetzen.

Im Grunde bedeutet deswegen der Versuch einer Sinngebung des eigenen Lebens eine Hilfe in der auch den Menschen betreffenden kreatürlichen Angst vor den Gefahren, denen man sich mehr oder weniger hilflos ausgeliefert fühlen mußte, vor Unwetter, Hunger, Unfall, Krankheit und Tod. Man kann wohl davon ausgehen, daß der Mensch mit dem Erlangen seines Ich-Bewußtseins und der damit erworbenen Fähigkeit, sich eine Zukunft vorzustellen, in einem natürlichen Animismus in den Naturgefahren mächtige Geister mit übermenschlichen Fähigkeiten, aber menschlichen Emotionen sah, die er darum durch Geschenke und mit guten Opfergaben gnädig stimmen zu können hoffte.

Das, so kann man vermuten, war wohl der Anfang der Religiosität des Menschen. Zu dieser ersten Abwehr der Angst vor übernatürlichen Mächten kam im Laufe der Zeit das urmenschliche Bedürfnis nach Geborgenheit, wie er es im Regelfall schon immer als Neugeborenes und Kleinkind, das heißt vor Entwicklung seines individuellen Ich-Bewußtseins erfahren hat. Mit zunehmender Reflexion über seine eigene Stellung in der von ihm erlebten und erfahrenen Welt entstand auch das Bedürfnis, darin einen Sinn zu sehen und in seinem Schicksal nicht einer blinden Zufälligkeit ausgesetzt zu sein.

Dazu kam auch der Wunsch, in einer Ordnung zu leben, die dem einzelnen Menschen ein bestimmtes Verhalten und Unterlassen vorgibt, als ein ihn und alle seine Mitmenschen ständig begleitendes Gesetz. Schließlich war es für den seiner selbst bewußten Menschen ein naheliegender Wunsch, gegen die erlebte Unentrinnbarkeit des Todes die Vorstellung einer Unsterblichkeit und damit ein Weiterleben nach dem Tode zu stellen, das auch die Möglichkeit einer ausgleichenden Gerechtigkeit gegen die erlittenen Schicksalsschläge und Mängel des diesseitigen Lebens und die Anerkennung guten und bösen Verhaltens zu Lebzeiten in Aussicht stellte. Dazu gehörte auch der Wunsch, die vertrauten und geliebten, aber inzwischen verstorbenen Menschen wiederzusehen. Die historischen Religionsstifter der sogenannten Weltreligionen kamen diesen Wünschen der Menschen in unterschiedlicher, aber doch sehr vergleichbarer Form entgegen.

Waren die ersten Vorstellungen von den Mächten, denen der Mensch unterworfen ist, die Vorstellungen von Göttern, einfache Projektionen der den Menschen eigenen Wünsche, Gefühle und Triebe, einfach weil man sich etwas anderes gar nicht vorstellen konnte, so waren auch die monotheistischen Vorstellungen von dem *einen* Gott von den menschlichen Wünschen geprägt: Der gerechte Gott der Juden, der alles vorherbestimmende Gott des Islam und der liebende, schützende und verzeihende christliche Gott oder die Überwindung des Lebensdurstes mit Verzicht auf einen ewigen Gott im Buddhismus. Die christliche Vorstellung ist damit Ausdruck einer Regression in die Situation des Kindes, der Kinder Gottes, die unter der grenzenlosen Liebe, der Gnade Gottes sicher sein können.

Die Gemeinschaft der Menschen, welche die gleichen Vorstellungen für ihr Leben untereinander verbanden, bildete mit ihrer insoweit gemeinsamen Nebenrealität bereits eine Gemeinschaft mit einer auf diese Weise gebildeten Hauptrealität. Ihre Organisationen, die Kirchen, boten mit ihrer bindenden Definition ihrer Religion, mit ihren Dogmen, ihrer Hierarchie, ihren Gesetzen und Unterorganisationen eine sichere Verbindlichkeit. Sie sind eine eindeutige Hauptrealität, nicht in ihrer Religion, sondern in ihrer realen Auswirkung.

Diese Sicherheit und Geborgenheit, welche eine gemeinsame Nebenrealität ihren Anhängern vermittelt, macht gerade kleine und überschaubare religiöse Gemeinden, also vor allem Sekten, für manche Menschen so attraktiv. Die gemeinsame Nebenrealität wird für die Dazugehörigen zur Hauptrealität, was sie über die Nicht-Dazugehörigen hinaushebt. Das gilt im Grunde für alle, die »Wahrheiten« gefunden haben und sich darin sicher fühlen.

Der Kinder- und Jugendpsychiater Klosinski (1985, 1996) hat sich seit der Zeit der Bhagwan-Bewegung mit diesen Fragen beschäftigt und ist dabei den Psychokulten und ihrer Bedeutung für Jugendliche nachgegangen. Er zeigte dabei, daß auch dieses Phänomen zu den Möglichkeiten zur Selbstfindung heranwachsender Jugendlicher gehört und daß diese Gemeinschaften den Jugendlichen in dieser Phase der Unsicherheit und subjektiven Einsamkeit eine gewisse Geborgenheit bieten. Es gibt aber auch Erwachsene, welche Sicherheit und Geborgenheit anderswo nicht finden können und in Psychokulten ihre Zuflucht suchen und finden.

Die scheinbare Hauptrealität, welche die Glaubensinhalte der großen Kirchen allein durch die große Zahl ihrer Anhänger bilden, wirkt sich dann auch in sehr konkreter Weise in Sitte und Kultur für ganze Völker, Länder und Erdteile und in ihren Beziehungen zu anderen Völkern aus. Die Kirchen und großen Religionsgemeinschaften sind Mächte, die – wie alle, die Macht haben – Angst haben, diese zu verlieren: mit den Folgen der Aggression, wie sie sich seit Jahrtausenden in unzähligen Religionskriegen ausgewirkt haben und wie sie heute noch in Auseinandersetzungen fundamentalistischer Gruppen stattfinden. Die religiösen Organisationen unterscheiden sich dabei im Grunde nicht von politischen Ideologien und den von diesen gebildeten staatlichen Mächten, ja, sie haben sich immer wieder miteinander verbunden und dienen einander zur scheinbaren Legitimation.

Für den einzelnen Menschen, gleichgültig, ob er sich durch Geburt, das heißt durch die Gemeinschaft, in die er hineingeboren wurde, oder ob er sich aus später gewonnener Überzeugung einer bestimmten Religionsgemeinschaft zurechnet, dient die Religion als Nebenrealität der Befriedigung seiner elementaren Wünsche der Ordnung, der Geborgenheit und Abwehr seiner unvermeidlichen Existenzängste. Der Fundamentalismus aber bietet seinen Anhängern ein besonderes Maß an Sicherheit und Geborgenheit. Der infantile Egozentrismus seiner Anhänger sichert sie vor jedem Zweifel, kann aber auch jede Gewalttat subjektiv rechtfertigen.

Die Sicherheit, welche jeder Fundamentalismus demjenigen gibt, der ihm anhängt, ist aber in jedem Falle mit einer Intoleranz erkauft, denn die Sicherheit der eigenen Überzeugung schließt von vornherein die Möglichkeit des Irrtums und damit auch die Möglichkeit aus, eine andere Überzeugung, die Überzeugung des anderen könnte richtig oder auch nur besser sein. Der Zweifel ist aber des menschlichen Denkens bestes Teil. »Eigentlich weiß man nur, wenn man wenig weiß; mit dem Wissen wächst der Zweifel«, sagt Goethe.

Anders ist es mit dem Glauben, der den Glauben der anderen zuläßt. Doch vielen genügt der Glaube nicht. Mit dem Zweifel ist es wie mit der Angst, man muß die durch ihn bedingte Unsicherheit aushalten lernen. Der Fundamentalismus ist eine Form infantilen, unreifen Denkens, weil er eine Sicherheit sucht, die es nicht geben kann, und eine Unsicherheit nicht auszuhalten vermag.

Die von einer Religion mitgeprägte Gesellschaftsordnung wird ihren Kindern in Vorbild und Unterrichtung ihre religiöse Einstellung anbieten, schon zur Erhaltung der eigenen Gesellschaftskultur. Eltern werden darüber hinaus ihren Kindern diese Möglichkeit der Entlastung und des innerlichen Geborgenheitsgefühls vermitteln, aus Tradition oder aus eigener positiver Erfahrung oder im Wissen, daß sie selbst ihren Kindern nicht die nötige Geborgenheit sicher genug bieten können. Dies alles sind daher auch eindeutige Regressionen und Rückzüge in kindgemäße und kindliche Denk-, Vorstellungs- und Verhaltensweisen.

Da wohl die meisten Menschen auf Erden irgendeiner Religionsgemeinschaft angehören, stellt sich die Frage, ob diese Feststellung über die grundsätzliche Regression mittels Religion auch für sie alle gilt. Die nominelle Zugehörigkeit zu einer der großen Weltreligionen sagt allerdings zunächst mehr über ihre kulturelle Tradition und die Erziehung aus, die die Menschen als Kinder genossen haben, und noch nichts Verbindliches über ihre innere Einstellung als Erwachsene. Diese ändert sich auch bei vielen Menschen im Laufe ihres Lebens, manchmal mehrfach, in Abwendung, Gleichgültigkeit, aber auch größerer Annäherung, Überzeugung und aktiver Teilnahme. Letztlich ist nicht sicher in Erfahrung zu bringen, wie weit nicht doch die meisten Menschen mit ihrer aktiven und auch nur äußerlichen Teilhabe an der Religionsgemeinschaft eine – wenn auch oft nur insgeheime – Befriedigung ihrer unerfüllten Wünsche nach Sicherheit und Geborgenheit schöpfen. Allenfalls konsequente Existentialisten – so es diese tatsächlich im konkreten Dasein und nicht nur in philosophischer Auseinandersetzung gibt – müßten davon ausgenommen werden. Aber auch für sie ist die »Sorge« – also die Zukunftsangst in den »Grenzsituationen« des menschlichen Lebens (Jaspers) – ein entscheidendes Problem.

Es ist kein Zufall, daß die die westliche Welt bestimmende, die christliche Religion ihren Gottessohn sagen läßt: »Wahrlich, ich sage euch: Es sei denn, daß ihr euch umkehret und werdet wie die Kinder, so werdet ihr nicht in das Himmelreich kommen.« Hier ist allerdings vom Himmelreich die Rede und nicht von Reife, von Vollendung der Menschheitsentwicklung.

Reife und Unreife

Wenn in diesem Zusammenhang von Reife und von Unreife gesprochen wird, müssen diese Begriffe näher definiert werden.

Zur Definition von Reife und Unreife werden gerne und scheinbar naheliegend das Kind und der Erwachsene als charakteristisches Beispiel herangezogen, wobei über Jahrhunderte das Kind nur als kleiner Erwachsener angesehen wurde. Das galt in der Medizin offiziell bis zur Entstehung der Kinderheilkunde am Ende des 19. Jahrhunderts, als die Medizin begann, sich in die einzelnen Spezialitäten aufzuspalten. Im allgemeinen Denken der Mediziner bestand die Meinung im Grunde noch bis vor wenigen Jahrzehnten. Die Innere Medizin hat sich ebensowenig wie die Erwachsenenpsychiatrie jemals wirklich um die Pädiatrie beziehungsweise um die Kinder- und Jugendpsychiatrie gekümmert, obwohl beide Fachgebiete, insbesondere die Kinder- und Jugendpsychiatrie, eigentlich die Grundlage der Erwachsenendisziplinen beinhalten (Lempp 1997).

Die Kindheit als ein eigener und abgrenzbarer Lebensabschnitt wurde in der Renaissance erkannt (Ariès 1978), aber dennoch wurde das Kind in seiner Entwicklung lange Zeit nur als Vorstufe des Erwachsenen gesehen, gewissermaßen als ein

Mensch auf dem Wege zum Erwachsenen, zur Reife. Erst Ende des 20. Jahrhunderts erkannte man, daß das linear sich entwickelnde Kind nicht den Ergebnissen der Entwicklungsforschung entspricht. Es entspricht in seinen Funktionen, wie der österreichische Entwicklungsneurologe Prechtl zeigen konnte, in jedem Alter den Anforderungen, denen es ausgesetzt ist, reif und optimal ausgerüstet (Prechtl 1980).

Dies gilt aber nur für die Entwicklungsphysiologie. Faßt man die geistig-kognitive Entwicklung des Menschen in ihrem Verhältnis zur emotionalen ins Auge und damit auch die Entwicklung des Individuums in der Gesellschaft, dann kann man zweifellos von einer Entwicklungsrichtung auf einen Zustand sprechen, den man als Reife der kindlichen Unreife gegenüberstellen kann. Allerdings wurde der Begriff der Reife mehr biologisch auf die Sexualität bezogen verstanden und auch auf die soziale Selbständigkeit hin angewandt, was wiederum der Vorstellung von der Vorläufigkeit des Kindes entsprechen würde. Es ist aber falsch, Entwicklungsstadien, von frühen Stadien ausgehend, in Richtung auf die späteren zu beschreiben. Prechtl gibt dafür Beispiele: Beeindruckend ist die Fähigkeit selbst kleiner Kinder, fast immer gegen Erwachsene im Memory-Spiel zu gewinnen. Tatsächlich gibt nur der Begriff der Reife im Sinne der genannten geistig-seelischen und gesellschaftlichen Entwicklung eine anthropologisch sinnvolle Beschreibung einer im Grunde kontinuierlichen Entwicklung vom Neugeborenen bis zum Greisenalter wieder, als eine lebenslange Aufgabe jedes Menschen (Lempp 1987).

Ein reifer Mensch könnte danach folgendermaßen beschrieben werden: Er ist in der Lage, in jeder Situation vernünftig zu handeln und seine eigenen Emotionen daraufhin zu kontrollieren und zu hinterfragen – soweit er sich seine Emotionen bewußtmachen kann –, ob sie dem zu bewältigenden Problem angemessen sind, und auch danach, ob sie nur die eigenen Interessen im Auge haben oder ob sie im Sinne der höheren Einheit der Gemeinschaft dienlich sind, also im Sinne des kategorischen Imperativs von Kant. Gleichzeitig soll er in der Lage sein, die Emotionen seiner Mitmenschen zu verstehen und nachzufühlen. Mit diesen Forderungen ist aber wohl jeder Mensch überfordert. *Es gibt ihn also nicht, den reifen Menschen.*

In Umkehrung des Haeckelschen Gesetzes kann man diesen Reifebegriff aber auch auf die Entwicklung der Menschheit, wenigstens im westlichen Kulturkreis, hin zur Reife im Laufe der vergangenen Jahrhunderte anwenden. Hier kann man – in grober Vereinfachung – einen entscheidenden Entwicklungsschritt in der Aufklärung im 17. und 18. Jahrhundert sehen. Im Mittelalter und noch in der Zeit danach lebte der Großteil der Bevölkerung Europas in sozialer, geistiger und materieller Abhängigkeit von einer kleinen Oberschicht des Adels, des reichen Bürgertums und der Kirche und akzeptierte diese Situation als gottgegeben und selbstverständlich. Sie fand in dieser Abhängigkeit – wenn auch in oft sehr unterschiedlicher Weise – ein gewisses Maß an Sicherheit und Geborgenheit, die in Leibeigenschaft und später in Abhängigkeit vom Grundbesitzer noch bis ins Ende des 19. Jahrhunderts reichte.

Mit der sich allmählich ausbreitenden Verbesserung der Schulbildung und dem wachsenden Bewußtsein der Ungleichheit und Ungerechtigkeit dieser Lebensbedingungen, das heißt auch mit zunehmendem Selbstbewußtsein entstanden die Forderungen der Französischen Revolution: Freiheit, Gleichheit, Brüderlichkeit. Dieses Selbstbewußtsein und die gewonnene Bildung nährte die Hoffnung, daß rationales Handeln den Menschen rasch auf den Weg zu einer besseren, gerechteren und vor allem friedlicheren Welt führen werde.

Ich wies schon darauf hin, daß bei diesem geistigen Entwicklungssprung, den die Aufklärung zweifellos bedeutete, die emotionalen Anteile der menschlichen Psyche zuwenig berücksichtigt oder überhaupt übersehen wurden. Sie sind es aber, die sich einer raschen Verwirklichung der Vorstellungen von Gerechtigkeit, Toleranz, Nächstenliebe und Frieden entgegenstellen, obwohl sie von allen großen Religionen postuliert werden, innerhalb der westlichen Welt und darüber hinaus.

Es ist zwar unbestreitbar, daß die Menschheit auf diesem Weg zur Reife Fortschritte gemacht hat. Ein immer größerer Teil der Menschen hat eine Freiheit, das heißt, eine Freiheit von erzwungener Abhängigkeit von anderen Menschen erlangt, die früher undenkbar war. An vielen Orten wurde der Gedanke an blinde Rache zurückgedrängt, und die Todesstrafe ist in den Staaten der Europäischen Union geächtet. Die Gleichberechtigung der Frau, die gerade in den westlichen Religionen nicht gegeben war, hat große Fortschritte gemacht, wenn auch nicht in allen Bereichen dieselben. Auch die Gleichberechtigung des Kindes wird auf die Dauer – auch gegen den Widerstand der um ihre Macht bangenden Erwachsenen – nicht aufzuhalten sein (Lempp 1999).

Die bessere Kenntnis und der einfach gewordene Kontakt mit bisher fremden Völkern und Kulturen wird durch die elektronische Kommunikation und die Medien diesen Weg zur Menschheitsreife fördern. Gleichwohl haben die Aufklärung und der wissenschaftliche Fortschritt die verheerenden Kriege des 19. und 20. Jahrhunderts nicht verhindert, sondern erst möglich gemacht. Man darf nicht vergessen, daß es bei uns noch vor einem halben Jahrhundert die Todesstrafe gab und – wenn auch als vorübergehenden Rückfall – die Folter. Zudem unterscheiden sich die unterschiedlichen Weltkulturen durch mehr Individualismus oder mehr Kollektivismus, die beide erst im Extrem den Menschenrechten entgegenstehen. Die Gleichberechtigung der Frauen ist bei uns erst ganz allmählich anerkannt worden und von der bei uns noch herrschenden »homosexuellen Männergesellschaft«, wie Wolfgang Loch unsere Gesellschaft kennzeichnete, noch nicht grundsätzlich akzeptiert.

Das hängt auch damit zusammen, daß unsere europäische Kultur vom Vorderen Orient mit seinem absoluten Patriarchat bestimmt ist. Im Dritten Reich wurde zwar das Germanentum, das wie die nordischen Länder eine Gleichberechtigung der Geschlechter kannte, zum Vorbild erklärt. Gleichwohl hat es das Patriarchat als Führerprinzip bis zum Exzeß getrieben. *Rationales Handeln ist deshalb wegen der unkontrollierten und offenbar unkontrollierbaren Emotionen keineswegs auch immer vernünftiges Handeln.*

Es sind stets die individuelle und auch die gemeinsame Angst vor der Zukunft und der daraus entstehenden Aggressivität und der Wille zur Macht und ihrer Erhaltung, die immer wieder vernünftiges Handeln zu den angestrebten Zielen erschweren oder ganz verhindern, obwohl die Ziele rational allgemein anerkannt sind. Diese existentiellen emotionalen Bedürfnisse führen jedoch dazu, daß sich der einzelne Mensch im Zweifelsfall und in Grenzsituationen des individuellen Lebens in eine Nebenrealität flüchtet und regrediert. Dies gilt nicht zuletzt auch für die Gemeinschaften, die ethnischen ebenso wie die staatlichen und religiösen.

Dieser neu gewonnenen Freiheit und Selbständigkeit ist der Mensch in seiner psychischen Struktur, zumindest in einer Welt, welche die emotionalen Bedürfnisse und ihre Dynamik nicht berücksichtigt, nicht gewachsen, zumindest noch lange nicht.

Dabei stellt sich die Frage, ob denn die Emotionalität des Menschen in einer Weise so weit zurückgedrängt und gesteuert werden kann und ob das überhaupt eine wünschbare Vorstellung sein kann. Ist sie nicht mit der Liebe, dem Haß, der Angst, der Freude und der Trauer und all ihren Folgen das eigentlich Menschliche am Menschen und die entscheidende Quelle jeder Wissenschaft und Kultur? Benötigt der Mensch nicht grundsätzlich die Fähigkeit zur Regression? *Ist nicht das Kind und die Kindlichkeit im Grunde ein Modell der Menschlichkeit schlechthin?*

Leo Tolstoi vertrat die Ansicht, mit der Annahme, das menschliche Leben könne nach den Grundsätzen des Verstandes geleitet werden, verneine man die Möglichkeit des Lebens selbst (Tolstoi 1990).

Die Gefahren der Regression

Es ist wohl deutlich geworden, daß die Angst vor der Zukunft, die Angst um die eigene Sicherheit und die eigene Macht, die immer eine imaginäre, nur vorgestellte Angst ist, dazu verleitet, sie durch Regression, durch den Rückzug in eine bessere Nebenrealität zu verringern. Der einzelne Mensch sucht vor diesen vorgestellten Gefahren Schutz in der Geborgenheit. Er möchte – wie ein Kind – nicht die Verantwortung für die Zukunft und für sich selbst übernehmen.

Es ist daher eine ständige Versuchung, sich einer starken Macht anzuvertrauen und sich ihr zu unterwerfen. Im Alltag wird diese Ursehnsucht der Menschen vielfältig ausgenützt, von der Werbung, von der Politik, auch von den Kirchen und Religionsgemeinschaften. Der entscheidende Unterschied zwischen der weltlichen und der geistigen Unterwerfung ist jedoch, daß man sich bei Werbung und Politik Menschen unterwirft, die durchaus nicht – oder nicht nur – das Wohl des Einzelnen im Sinn haben, sondern – zumindest auch – eigene Vorteile damit verbinden. Folgt man dagegen einer religiösen Idee, unterwirft man sich einer Idee, einer Nebenrealität, die man mit der Religionsgemeinschaft teilt. Daß man sich dabei innerhalb der Kirchen oft einer Organisation, das heißt Menschen unterwirft, die unvermeidlich auch menschliche Schwächen haben und das Wohl des Einzelnen manchmal aus dem Auge verlieren, steht auf einem anderen Blatt. Aber das geht den Kindern auch so. Sogar ihre Eltern, bei denen sie Geborgenheit und Sicherheit suchen und finden, verlieren manches Mal das Wohl des Kindes aus dem Auge.

Gefährlicher ist es in der Politik, weil man hier notgedrungen einer Partei und damit einzelnen Menschen Macht verleiht, welche auf die Dauer ebenso unvermeidlich die Inhaber der Macht korrumpiert. Carl Orff, der Komponist und Dichter, läßt in seinem Werk »Die Kluge. Die Geschichte von dem König und der klugen Frau« (nach Grimms Märchen) den Bauern im Kerker singen: »Denn wer viel hat, hat auch die Macht, und wer die Macht hat, hat das Recht, und wer das Recht hat, beugt es auch.«

Die meisten Menschen fühlen sich dennoch in sogenannten totalen Institutionen durchaus wohl, wie zum Beispiel beim Militär, oder auch im Kloster, wo ihnen keine eigenen Entscheidungen abverlangt werden, wo ihnen gesagt wird, was sie tun und wie sie sich verhalten sollen und wo sie mit allem Notwendigen versorgt sind. Es lebt sich bei uns in einer gesicherten Beamtenposition durchaus angenehm, wenn man Vertrauen in den Staat haben kann, weil man dann auch seine Kräfte und Fähigkeiten allein einer Aufgabe widmen kann und sich nicht um die äußeren Bedingungen sorgen muß. Für die Mächtigen sind diejenigen, die ihnen vertrauen, leichter zu regieren als die Mißtrauischen und Kritischen. Im Dritten Reich mit Hitler ist ja erschreckend deutlich geworden, wie eine bedingungslose Machtverleihung auch einen ganz Ungeeigneten und Schwachen übermächtig werden läßt.

Der russische Schriftsteller Lew Kopelew (1983) schreibt in seinen Erinnerungen: »Das Bedürfnis, lebende Götter zu verehren – Führer, Propheten, Heilsbringer –, ist den Menschen von alters her eigen. Wahrscheinlich werden noch lange – wenn nicht immer – Mythen geboren und Götter geschaffen werden.« Hier wird die Gefahr deutlich, die daraus entsteht, daß Menschen dazu neigen, ihre politischen Führer zu vergöttern, um ihnen in der Gewißheit der Geborgenheit bedingungslos zu folgen.

Die Demokratie als Staatsform hat zwar viele Nachteile, sie ist umständlich, kann nur mit Verzögerung reagieren und kommt oft nur über Kompromisse voran. Sie ist dennoch allein in der Lage, unkontrollierte Macht zu verhindern. Aber auch sie ist immer wieder in Gefahr – durch die Bequemlichkeit der Bürger, die sich gerne daran gewöhnen, die verliehene Macht nicht regelmäßig zu kontrollieren, wie sich auch in der jüngsten deutschen Politikgeschichte gezeigt hat. Da ist es nötig, regelmäßig die Regierenden auszuwechseln, damit niemand über längere Zeit die Macht behalten kann. Das Wesen der Demokratie ist »grundsätzliche Befristung der Macht«.

Dabei zeigt die gegenwärtige Situation, nicht nur bei uns, sondern bei allen westlichen Demokratien, eine gewisse Politikverdrossenheit und eine Neigung, sich als einzelner dem anzunehmenden größeren Sachverstand der Experten unkritisch unterzuordnen. Man überträgt damit unkontrollierte Macht und vergißt das für eine Demokratie unbedingt nötige Mißtrauen (Leicht 2001). Dies ist noch keine Regression, sondern zunächst nur Bequemlichkeit oder eine mehr Effizienz erstrebende Ungeduld. Jedes nicht auf persönliche Kenntnis und

Bindung gegründete Vertrauen ist aber auch eine Form der Regression, ein kindlicher Wunsch, keine Verantwortung zu haben.

Das Mißtrauen gegenüber der Politik ist nicht unbegründet, weil sich immer wieder bestätigt, daß die von den Politikern erwartete Vernunft unvernünftigen, das heißt emotionalen Gründen geopfert wird. Zum Machterhalt und für die angestrebte Wiederwahl als Politiker werden kurzfristige Erfolge angestrebt und sinnvolle und langfristige Ziele vernachlässigt. Das gilt weltweit, wenn es etwa um die Umweltpolitik, oder noch deutlicher, um das Provozieren oder Verhindern kriegerischer Auseinandersetzungen geht. Obwohl jedem klarsein müßte, was die Vernunft gebietet, gelingt es nicht, sie durchzusetzen, weil die emotional bestimmte Eigensucht sowohl den einzelnen Staatsmann wie auch ganze Völker mehr bestimmt als die Vernunft. Das aber ist eine typisch kindliche, unreife Verhaltensweise. Dabei behandeln die Politiker um ihrer Wahl und Wiederwahl willen auch ihre Wähler wie kleine Kinder. Viele populistische Äußerungen, erkennbar wider besseres Wissen geäußert, zeigen, daß das »Volk« nicht ernst genommen und nicht für fähig zur Erkenntnis von Notwendigkeiten gehalten wird. Dies alles dient dem Machterhalt.

Der frühere Polizeipräsident der Stadt Stuttgart Volker Haas sagte einmal: »Macht von Menschen über Menschen sollte nur von Persönlichkeiten ausgeübt werden, die solche Macht nicht lieben und sie mit äußerster Zurückhaltung gebrauchen« (Haas 1996). Im Grunde gilt das nicht nur in der Politik, sondern auch an allen Orten, an welchen Menschen Macht über andere Menschen haben, auch legitime, aber nicht regelmäßig kontrollierte Macht. Überall, wo Machtbesitz mit Angst vor Machtverlust verbunden ist – und das ist die Regel –, neigt der Machtbesitzer dazu, die ihn umgebende Wirklichkeit in seiner Vorstellung umzugestalten, das heißt zur Nebenrealität zu machen, ohne selbst zu bemerken, daß sein Realitätsbezug verändert und gestört ist. Es gibt auch bedeutende Menschen des öffentlichen Lebens, welche der Realität entfliehen wollen. So hatte der Zeitungszar Axel Springer diese Scheu vor der Wirklichkeit. Er soll einmal gesagt haben: »Wenn ich ein Wort hasse, dann ist es Realität« (»Der Spiegel« 2001). Auch er wollte offenbar die Welt nach seinen Vorstellungen sehen. Er war ein Phantast, der alles fanatisch bekämpfte, was als »links« galt. Wenn ein Phantast Macht besitzt, dann ist das immer gefährlich.

Manche Fehlbeurteilung in der Wirtschaft entsteht auf diese Weise. Der Machtbesitzer, der entscheidende Manager, der die gegebenen oder veränderten äußeren Bedingungen nicht mehr erkennen kann und will, weil er selbstsicher geworden ist und deshalb nicht mehr auf die Kritik und wohlgemeinten Ratschläge der Untergebenen hört, wenn diese seine Nebenrealität zu stören drohen, ist die eigentliche Ursache für manche falschen Entscheidungen und für Mißwirtschaft und Pleiten. So bestimmen solche infantilen Denk- und Reaktionsformen im Grunde alltäglich unser politisches, wirtschaftliches und privates Leben, ohne daß wir uns dessen bewußt sind. Dies wurde gerade in den letzten Monaten besonders deutlich.

Aber auch das Bedürfnis, in klaren Wertmaßstäben zu leben, seine Mitmenschen sicher einordnen zu können und eindeutig Gut und Böse trennen zu können, wirkt sich in der

Gesellschaft und innenpolitisch aus: Reformen des Strafrechts beispielsweise mit mehr Verständnis für menschliche Schwächen und für die wirklichen Ursachen kriminellen Verhaltens, im Sinne einer Vorbeugung von Straftaten, einer besseren Resozialisierung der Täter und zur Verminderung der Rückfallneigung stoßen stets auf großen Widerstand in der Bevölkerung, die sich, ihren verständlichen Emotionen folgend, vom Gedanken der Vergeltung und Rache nicht lösen kann, aus Angst vor Verlust ihres festen Wertesystems. Dabei ist sicher festgestellt, daß unsere strafrechtliche Praxis, vor allem bei Jugendlichen, die angeblich dem Erziehungsgedanken folgen will, viele Täter auf die kriminelle Laufbahn fixiert, anstatt sie in die Gesellschaft zurückzuholen. Längerfristig wären aber solche vernunftgeleiteten Maßnahmen wesentlich billiger als jeder dem Rachebedürfnis dienende Strafvollzug (Lempp 1995b). Selbst Staaten, die eine hohe kulturelle Stufe und Realisierung der Menschenrechte für sich in Anspruch nehmen, meinen, nicht auf die Todesstrafe verzichten zu können.

Auch die weitverbreitete Ablehnung von Ausländern, vor allem von Asylsuchenden und Wirtschaftsflüchtlingen, geht auf irrationale Ängste zurück, auf die Angst vor Gefährdung oder gar Verlust der eigenen Identität. Sie führt zu aggressiven Reaktionen, wobei allerdings hinter vielen Gewalttaten Jugendlicher meist eine ganz allgemeine Zukunftsangst und das Gefühl fehlender Anerkennung durch die Gesellschaft stehen, die dann zu aggressionsbereiten Gruppenbildungen und zu Gewalt gegen Schwächere führen. Der Anschluß an eine ihn akzeptierende Gruppe ist für den einzelnen Jugendlichen meist das einzig Wichtige. Er nimmt dabei auch verquere

Ideologien und Verhaltensweisen in Kauf, die er ohne diese Angst vor dem Alleinsein weit von sich weisen würde. Die Opfer und die Ideologien der Täter, die in den Gruppen bestimmen, sind daher eigentlich sekundäre Phänomene, was für die Opfer natürlich kein Trost ist. Die Gesellschaft sollte zur Bewältigung dieses Problems besser nach den Ursachen als nach den Folgen sehen.

Doch selbst im kleinen Kreis, in der Familie, glauben viele Eltern nicht auf Gewalt ihren Kindern gegenüber verzichten zu können, aus Angst, ihre Autorität – das heißt eigentlich ihre Macht – zu verlieren. So ist der vielfache Versuch bei uns, ein Züchtigungsverbot im Gesetz zu verankern, wie es in anderen Staaten längst der Fall ist, bis vor kurzem immer wieder gescheitert. Die eigene Autorität durch Macht zu erhalten, entspricht der Allmachtsphantasie eines Kindes und ist hier wie dort eine Illusion.

Das Kind im Menschen –
das Ergebnis

Wenn wir auf das Geschilderte zurückblicken, dann zeigt sich der Mensch als ein zwar vernunftbegabtes Wesen, das in der Lage ist, die Welt, die er mit seinen Sinnen aufnimmt und mit seinen Gefühlen erlebt, allein und gemeinsam mit seinen Mitmenschen, in eine Ordnung zu fassen und sich selbst als ein Teil dieser Welt und dieser Ordnung zu erkennen. Diese Fähigkeit zu vernünftigem Denken ist aber eingebettet in ein Ich-Bewußtsein, das auch von unseren Emotionen mitbestimmt ist. Zu diesem Ich- und Selbstbewußtsein gelangt das Kind in seiner frühen Entwicklung, in welcher es, wie einleitend beschrieben, affektiv-kognitive Bezugssysteme aufbaut (Ciompi 1988).

Das heißt aber, daß die sich schon im Kindesalter allmählich entwickelnde Vernunft immer und unausweichlich mit einer emotionalen Tönung verbunden ist und bleibt. Aus dieser Erfahrungswelt der ersten Jahre stammen als wichtigste affektiv-kognitive Grunderfahrung der Wechsel von Gefühlen der Unsicherheit, des Schmerzes und der Unlust- und Mangelgefühle hin zum Gefühl der Geborgenheit und Sicherheit, in das das Kind – im positiven Regelfall – immer wieder zuverlässig zurückgeführt wird. Diese Basiserfahrung wird den Menschen in seinem Leben begleiten und sein In-der-Welt-Sein entscheidend mitbestimmen.

Der Mensch ist aber auch ein Wesen, das – schon als Kind – sich neben der Welt, die es konkret affektiv und kognitiv erlebt, eine eigene innere Welt vorstellt, eine *Nebenrealität*. Er kann sie entsprechend seinen Erfahrungen positiver, hoffnungsvoller und erfreulicher gestalten als die Wirklichkeit, die *Hauptrealität*, er kann sie sich aber auch negativer, bedrohlicher und ängstigender vorstellen, als der Wirklichkeit entspricht. Wichtig ist dabei die vom Kind zu erwerbende Sicherheit im stets souveränen Wechsel zwischen den beiden Realitätsebenen, im *Überstieg*.

Die Nebenrealität tritt etwa in der Zeit der Einschulung in den Hintergrund, auch weil das Kind inzwischen gelernt hat, daß seine Phantasien von anderen nicht verstanden und nicht ernst genommen werden. Tatsächlich sind die Nebenrealitäten auch weiterhin, während des ganzen Lebens, ein wichtiger Bestandteil des Innenlebens jedes Menschen. Der Rückzug dorthin, in eine bessere Welt, dient ihm jederzeit zur Entlastung. Die drohende Gefahr, die sich in der Nebenrealität darstellen kann, macht ihm Angst, die er aushalten oder bewältigen muß. Die Grundtendenz seines Verhaltens ist immer wieder die Rückkehr zur vermeintlichen Geborgenheit, in der Tendenz zur Abgabe der Verantwortung für sich selbst und andere und schon gar für die Gemeinschaft. Auch die Mode ist ein solcher Schutz in der Gemeinschaft unter Verzicht auf eigene Möglichkeiten, und die Nebenrealität im kindlichen Egozentrismus bietet subjektiv dem eigenen Ich eine größere Entfaltungsmöglichkeit als in der gemeinsamen Hauptrealität.

Der Mensch ist ein Wesen, das sich selbst in einer ausgedachten, erhofften oder befürchteten Zukunft vorstellen kann, mit der Illusion einer bewältigten Gefahr und eines Erfolges, aber auch mit der Angst vor dieser Gefahr und einem Scheitern und Versagen.

Wie geht das Kind im Menschen mit seinen
Möglichkeiten um?

Die Erinnerung an seine Kindheit in Sicherheit und Geborgenheit verleitet den Menschen immer wieder, sich bei Schwierigkeiten, Mißhelligkeiten und ängstigenden Situationen wieder dorthin, ins Kindesalter, zurückzuziehen und sich dem Problem zu entziehen und andere entscheiden zu lassen, von denen er glaubt, sie könnten das besser. In manchen Fällen ist das seine einzige Hilfe. In anderen Situationen kann er sich nach einer Niederlage, nach einer erlittenen Ungerechtigkeit oder nach einem Mißerfolg, nach einer Kränkung des eigenen Selbstwertes durch eine, wenn auch vorübergehende Flucht in einer dies alles korrigierenden Nebenrealität davon erholen.

Da der Mensch jedoch nicht nur gelegentlichen Schwierigkeiten und Belastungen ausgesetzt ist, sondern durch seine Fähigkeit, sich seine Zukunft vorzustellen, sich prinzipiell gefährdet fühlt, hängt es von seinem Selbstbewußtsein ab, ob er sich den erwarteten Problemen gewachsen fühlt oder nicht. Wenn nicht, dann wird er alsbald den Schutz suchen, an den er sich aus seiner Kindheit erinnert, sei es bei einer Gemeinschaft, einer Partei oder einer Religion, weil er offenbar nur begrenzt in der Lage ist, seine Freiheit und Selbständigkeit auszuhalten. Andererseits ist der Mensch auch darauf angewiesen, in einer Gemeinschaft zu leben und mit dieser einigermaßen zu harmonieren. Er schließt sich daher solchen Gemeinschaften nicht nur aus Schwäche an, um Schutz zu finden, sondern um der Gemeinschaft willen.

Auch der starke und reife Mensch will nicht einsam sein und will sein Tun, seine Leistung, den anderen zur Verfügung stellen. Dabei stellt sich heute mehr denn je die Frage, was denn Leistung sei. Gegenwärtig mißt sie sich vielfach nur am finanziellen Erfolg. Cleverness ist aber noch keine Leistung. Leistung ist eigentlich nur etwas, das nicht nur dem Leistenden selbst, sondern auch anderen nützt. Selbst der Spitzensportler wie der Zirkusakrobat dient und nützt dem Zuschauer, der ihn bewundern möchte.

Der Mensch neigt dazu, die Unordnung zu fürchten. Das fängt schon in der Familie an und nicht wenige Eltern beklagen sich beim Kinderpsychiater – in den letzten Jahren offenbar zunehmend – darüber, daß ihre Kinder keine Ordnung halten könnten. Zweifellos, Ordnung macht vieles leichter und gibt vor allem Übersicht und Sicherheit. Chaos dagegen macht angst, was bei manchen bis zur Zwangsneurose führt. Darum steht die Forderung nach Erhaltung der – meist alten – Ordnung überall ganz oben an. Jede Ordnung führt jedoch schließlich zur Erstarrung, verhindert auf die Dauer jeden Fortschritt und jede Kultur. Aron R. Bodenheimer (1994), Arzt und Psychoanalytiker in Zürich und Tel Aviv, lobt in einem Buch die Unordnung und sagt dazu, »daß jede Ordnung in sich die Tendenz trägt, sich selbst als Wert schlechthin zu bewahren«, und daß dagegen die Unordnung uns einander näherbrächte und aus ihr die Kreativität wachse.

Obwohl wir also alle den Fortschritt wünschen und kreativ sein wollen, ziehen wir uns in die Ordnung zurück, wie das Kleinkind, das darauf besteht, zum Essen wolle es immer den gleichen Teller benutzen und das Märchen solle immer denselben Wortlaut haben.

Der Mensch ist zwar offenbar fähig, vernünftig zu denken und zu handeln. Aber er weiß nicht immer, im Hinblick auf wen oder was er vernünftig sein soll. Soll er für sich selbst vernünftig denken und handeln, oder für seine Familie, für seine Nächsten, seine Freunde, seine Gemeinde, in der er lebt und die so ähnlich denkt wie er, oder soll er gar vernünftig handeln zum Wohl seines Volkes und Staates oder gar der Menschheit überhaupt – und was ist für diese alle tatsächlich, das heißt im Blick auf die gegenwärtigen Probleme oder auf die Zukunft, vernünftig? Woher soll er das sicher wissen?

Je näher ihm diejenigen stehen, für die er vernünftig sein will, desto leichter glaubt er das beurteilen zu können, aber desto mehr bestimmen ihn dabei – ob er will oder nicht – auch seine Emotionen. Er weiß vielleicht genau, welche Lebensweise, welches Essen und Trinken für ihn gut wären, aber die Versuchung des Augenblicks, sein Hunger oder nur seine Gelüste drängen ihn dazu, anders zu entscheiden, und er wird dann oft auch dafür eine scheinbar vernünftige Begründung finden. Auch ist seine eigene Sicherheit, sein Selbsterhaltungstrieb sehr stark und wirksam, und deshalb bedarf er großer Kraft und der Überwindung von Angst, sich gegen sie zu entscheiden.

Er weiß auch, daß Solidarität nicht nur eine moralische Verpflichtung, sondern auch im Hinblick auf die Zukunft vernünftig ist, weil er auch einmal auf die der anderen angewiesen sein kann, aber der eigene momentane Vorteil liegt ihm näher. Und seit die Sicherheit der anderen in einem Staatswesen, das die soziale Verantwortung für die Schwächeren übernommen hat, der ganzen großen Gemeinschaft obliegt, ist die Versuchung groß, sie für die eigene Entscheidung zurückzustellen und sich nach dem eigenen Vorteil zu richten. In einer Zeit, in der die Selbstverwirklichung – was immer man darunter verstehen will – propagiert wird, in der die Konkurrenz und die eigene Leistung – was man auch darunter immer verstehen will – überall als besonders wichtig betont werden, da erscheint es plötzlich als viel vernünftiger, sich nach dem eigenen Erfolg und Vorteil auszurichten, ohne weitere Rücksicht, auf wessen Kosten das geht. Es scheint sich nicht mehr zu lohnen, sich in den Nächsten einzufühlen. Empathie verkommt zum Luxus oder zur unvernünftigen Sentimentalität, und jeder zieht sich mehr und mehr auf sich selbst zurück. Die Gesellschaft wird zunehmend autistisch (Lempp 1996a). Ist das die Folge eines sich selbst ad absurdum führenden Individualismus, der im Zeitalter der Renaissance seinen Einzug hielt und heute zum Menschenrecht avanciert und zum Götzen geworden ist?

In ihrer Zeitplanung und in der Unterscheidung zwischen wichtig und weniger wichtig verhalten sich viele Menschen wie Kinder. Ein Kind kann die vor ihm liegende Zeit noch nicht überschauen und ist daher, wenn es etwas haben will, ungeduldig und will es sofort haben. Gerade die erfolgreichen

Männer der Wirtschaft und Politik verhalten sich ebenso. Sie setzen ihre Prioritäten ohne Rücksicht auf andere, obwohl es eigentlich keine anderen zeitlimitierenden Faktoren gibt als den Tod. Alles andere ist aufschiebbar: Solche Manager verhalten sich wie die Kinder, sie sind rücksichtslos, unvernünftig und unreif, aber erfolgreich, wenn sie rücksichtsloser sind als die anderen.

Dies wird auch in der Politik deutlich, wenn es darum geht, langfristig sich katastrophal auswirkenden, weltweit verbreiteten Verhaltensweisen entgegenzuwirken und dafür gewisse Einschränkungen und liebe Gewohnheiten aufzugeben. Vor allem wenn die ökologischen und ökonomischen Auswirkungen erst in den folgenden Generationen eintreten werden, bestimmen die eigenen emotional gesteuerten Schutzbedürfnisse weitgehend das Denken und Handeln. Die Politik, die sich stets berechtigt fühlt, den eigenen Machterhalt zum primären Ziel zu erklären, wird nicht mehr »vernünftig« handeln können.

So ist der Mensch jedenfalls noch weit davon entfernt, im eigentlichen Sinne reif zu werden. Obwohl er die Fähigkeit hat, die Wirkungen seines Handelns in der Zukunft vorauszusehen, handelt er wie ein Kind, das diese Fähigkeit noch nicht hat. *Das Wesen des Menschen steht seiner Reife, die das Ziel seiner phylogenetischen und ontogenetischen Entwicklung zu sein scheint, prinzipiell im Wege.*

Welche Folgerungen ergeben sich daraus?

Es sei mir an dieser Stelle als Kinder- und Jugendpsychiater erlaubt, aus meiner unmittelbaren Praxis und Erfahrung als Pädagoge zu sprechen.

Was kann man tun, wenn das affektiv-kognitive Wesen des Menschen als solches nicht geändert werden kann? Da seine kognitive Fähigkeit als solche, sein Wissenshorizont und seine technischen Kenntnisse ganz unbestreitbar doch im Lauf der Jahrhunderte Fortschritte gezeigt haben, in den letzten Jahrzehnten in geradezu rasanter Geschwindigkeit, kann es nur darum gehen, einen anderen Umgang mit unseren Emotionen zu erlernen.

Es kann aber nicht allein darum gehen – wie es die Psychoanalyse sieht, welche »die Kindheit aufarbeiten« will –, tatsächliche oder vermeintliche psychische Alterationen in der Kindheit bewußtzumachen und zu überwinden, sondern man muß erkennen, daß der Mensch in seiner psychischen Struktur unter Belastung immer wieder zu kindlichen Denk- und Verhaltensweisen zurückkehren will. *Das Kind setzt sich im Erwachsenen – wenn es darauf ankäme, wirklich reif zu sein – immer wieder durch.*

Die Lösung kann auch nicht darin liegen, die scheinbar störenden Emotionen zu unterdrücken oder gar auszuschalten, was allenfalls psychopharmakologisch vorstellbar wäre: eine Horrorvision. Wie ich bereits gesagt habe, würde sich der Mensch damit seiner spezifischen Menschlichkeit, und zwar dem allein sympathischen Anteil der Menschlichkeit – wörtlich: der mitleidenden – berauben. Wir würden uns zu kulturlosen Robotern machen.

Es kann also nur darum gehen, daß wir lernen, unsere Emotionen nicht über die Vernunft kurzschlüssig herrschen zu lassen. Und das gilt im besonderen für unsere Angst, die wir üblicherweise gar nicht wahrnehmen wollen, sondern sie verdrängen, so daß sie um so ungesteuerter unser Verhalten bestimmen kann. Die Angst ist wohl die gefährlichste Emotion, weil sie den Menschen dazu veranlaßt, sie mit Aggressivität zu bewältigen und, wenn sie eine nur ausgedachte Zukunftsangst ist, in zielloser Aggressivität gegen Unschuldige. Die Angstbewältigung durch Flucht ist weniger für die Gemeinschaft als für den Einzelnen gefährlich, da sie ihn isoliert.

Wir können die Angst nicht beseitigen. Es gibt kein angstfreies Leben, und wir können und dürfen unsere Kinder nicht angstfrei erziehen. Aber wir können ihnen helfen, mit ihren Ängsten zu leben und sie auszuhalten. Es kommt darauf an, daß man lernt, die Angst auszuhalten. Hierbei ist das Vorbild der Erwachsenen von großer Bedeutung, die deshalb eine Überbehütung ihrer Kinder und ihre Einschränkung, soweit sie nur der Angstentlastung der Eltern dient, vermeiden sollten.

Bei der Angst kommt es vor allem darauf an, daß wir nicht nur an unsere eigenen Ängste denken sollen, sondern vor allem an die Ängste der anderen, die wir möglicherweise selbst provozieren, ohne es zu wissen und zu wollen. *Der Angstabbau bei anderen ist wohl das entscheidende Mittel zur Befriedung. Das gilt sowohl im engeren zwischenmenschlichen Bereich wie ganz besonders in der großen Politik, im Miteinanderleben der Völker. Allein so können Kriege und Terror verhindert werden.*

Im familiären Bereich kann die Fähigkeit, Angst auszuhalten, unseren Kindern nur durch eine hinreichende Selbstsicherheit und frühe Selbständigkeit vermittelt werden, die sie schon vom Beginn ihres Lebens, schon in den ersten Lebensjahren, erfahren sollten. Die Voraussetzungen dazu sind zum einen die Erfahrung von Sicherheit und Geborgenheit von Geburt an, soweit dies nur irgend möglich ist, zum anderen von Anfang an ihre Anerkennung als eigenständige Persönlichkeiten: die Achtung vor unseren Kindern!

Das gesunde Selbstbewußtsein und eine fundierte Selbstsicherheit machen die Menschen weniger verletzlich. Sie können berechtigte und unberechtigte Vorwürfe und Kränkungen besser bewältigen und müssen nicht immer aggressiv – oder depressiv – reagieren. Sie haben es nicht nötig, immer ihre eigenen Fähigkeiten und Vorzüge herauszustellen, und provozieren ihre Mitmenschen nicht durch Angebereien.

Man könnte nach der im vorausgehenden mehrfach geschilderten Sehnsucht der Erwachsenen nach der in der Kindheit erlebten Sicherheit und Geborgenheit als Ursache regressiven Verhaltens meinen, es sei doch vielleicht besser, den Kindern diese frühen Erfahrungen vorzuenthalten und sie schon in dieser Lebensphase Gefahr, Angst und Verlassenheit erleben zu lassen. Wir kennen Kinder und Jugendliche, die unter solchen schlimmen Bedingungen aufwachsen mußten. Sie sind dadurch in ihrer psychischen Struktur und damit in ihrem ganzen späteren Leben schwer geschädigt, können zu niemandem Vertrauen fassen, bleiben unsicher und kontaktgestört und sind dadurch in ihrer Gemeinschaftsfähigkeit zutiefst beeinträchtigt (Balint 1988). Die frühe zuverlässige

Erfahrung von Sicherheit und Geborgenheit ist die Basis jeder gelungenen Sozialisation und damit die Voraussetzung für Selbstsicherheit und Selbständigkeit.

Nur der seiner selbst hinreichend sichere Mensch ist fähig, Toleranz zu üben, solidarisch zu handeln, Kompromisse einzugehen und auch, wenn nötig, zu verzichten zugunsten höherer Ziele und zum bewußten Vorteil anderer. Er ist auch fähig, aus Souveränität seine ihm zugewachsene Macht verantwortungsvoll zu gebrauchen und gegebenenfalls auch auf sie zu verzichten. Nur er vermag Angst auszuhalten.

Der Kinder- und Jugendpsychiater sieht sich – notwendigerweise aus einer spezifischen und damit auch eingeengten, aber beispielhaften Sicht – zunehmend häufiger mit durchaus begabten Jugendlichen, auch aus »gutem Hause«, konfrontiert, denen ihr Selbstwert und ihre Selbstsicherheit völlig abhanden gekommen sind. Dies geschieht meist nicht aus offenbar falscher oder ungeschickter Erziehung im Elternhaus. Es geschieht aber oft in einem Schul- und Bildungssystem, wie es bei uns – und anderswo – teilweise schon lange besteht, teilweise in den letzten Jahrzehnten entstanden ist.

Es begann mit der Erziehung zum unbedingten Gehorsam, das heißt zum blinden Vertrauen in eine Stellungsautorität, schon im vorletzten Jahrhundert, später dann an den Engpässen an den Universitäten und der Einführung des Numerus clausus, aber auch in einer Wirtschaftswelt, die den Glauben an Auslese und Konkurrenz forderte und förderte. Dies wirkte sich allmählich bis in die Grundschulen, ja, mancherorts bis in den Kindergarten aus. Dabei spielen auch Änderungen in unserer Familienstruktur eine wichtige Rolle (Lempp 1986).

Für einen Teil der Kinder und Jugendlichen, den von vornherein selbstsicheren und begabten, kann dieses System zu einer höheren Leistung führen, wenn auch unter Verlust ihrer sozialen Bindungen und ihrer Empathiefähigkeit. Für den größeren Teil führt es dazu, daß für diese sich trotz aller Mühe bald Mißerfolg an Mißerfolg reiht. Dies zerstört längerfristig ihre Motivation. Ein Teil dieser Gruppe protestiert auf seine Weise, steigt aus und setzt sich vielleicht auf anderem Wege doch noch irgendwie durch, bleibt aber für eine Demokratie als aktiver Bürger verloren. Der größere Rest resigniert und ordnet sich ohne Selbstgefühl dem System als ewiger Versager unter oder flüchtet sich in Drogen und Alkohol.

Der ständige und für die Schulleistung einseitige Ausleseprozeß setzt bei uns und in fast allen Industrieländern zu früh ein, und die Zeugnisnote wird schließlich auch zum moralischen Wertmaßstab für den jungen Menschen, so wie es später bei den Erwachsenen allein der finanzielle Erfolg ihrer Tätigkeit wird.

Darüber hinaus ist wie bei jeder Erziehung das Vorbild der Erwachsenen das Wichtigste, sowohl im »vernünftigen Handeln« und in der Gelassenheit gegenüber einer die Emotionalität ansprechenden Werbung und Verführung, als auch darin, den Jugendlichen nicht in Text und Bild ständig die Aggressivität als die primitivste Form der Angstbewältigung vorzuführen und zu empfehlen.

Da wir selbst nicht reif sind und uns nicht einmal sehr Mühe geben, reif zu werden, werden auch unsere Kinder und Enkel zwar kaum reifer werden als wir, aber sie können vielleicht doch ein paar Schritte in die richtige Richtung voranschreiten.

Der Mensch kann sich, wie wir gesehen haben, nie von seiner Kindheit lösen, er kann sie nicht hinter sich lassen, versucht vielmehr, wenn er in Bedrängnis kommt, zu ihr zurückzukehren. Letztlich ist jedoch diese Eigenschaft des Menschen, sich in Nebenrealitäten zurückzuziehen und seine Emotionen darin zu verbergen oder auszuleben, eine Quelle seiner Kreativität und Kultur und der Anteil, der ihn auch »liebenswürdig« macht.

Das Kind im Menschen wurde von der Psychoanalyse als ein Störenfried entdeckt, der sich im Leben des Erwachsenen immer wieder störend zu Wort meldet. Das Kind im Menschen ist aber in Wirklichkeit sein Schutzengel, der ihm immer zur Verfügung steht, und schließlich ist es für den Menschen die Quelle seiner Kultur und Menschlichkeit.

Das kindliche Denken und Erleben dient dem Individuum, ist aber eine Gefahr für das Leben in der Gemeinschaft. Das Kind im Menschen ist sowohl Schutz wie auch Gefahr, aber es ist des Menschen bestes Teil.

Literatur

Ariès, Ph. (1978): *Geschichte der Kindheit.* dtv, München.

Asperger, H. (1944): »Die ›Autistische Psychopathie‹ im Kindesalter«. *Archiv der Psychiatrie der Nervenkrankheiten* 117, 76–136.

Balint M. (1988): *Die Urformen der Liebe.* dtv/Klett-Cotta, München, S. 114–145.

Balint, M. (1991): *Angstlust und Regression.* 3. Auflage, Klett-Cotta, Stuttgart.

Bleuler, E. (1969): *Lehrbuch der Psychiatrie.* 11. Auflage, umgearbeitet von M. Bleuler. Springer, Berlin/Heidelberg/New York.

Bleuler, M. (1971): »Schlußwort. Gedanken und Erfahrungen zur Schizophrenielehre«. In: M. Bleuler und J. Angst (Hrsg.), *Die Entstehung der Schizophrenie.* Huber, Bern/Stuttgart/Wien, S. 107–119.

Bodenheimer, A. R. (1994): *Plädoyer für die Unordnung.* Verlag Cordula Haux, Bielefeld.

Bois, R. du und M. Günter (2000): »Psychoanalytisch orien-

tierte Behandlung schwerer jugendlicher Psychosen im stationären Setting«. Forum der Psychoanalyse 16, S. 315–330.

Ciompi, L. (1982): *Affektlogik.* Klett-Cotta, Stuttgart.

Ciompi, L. (1988): *Außenwelt – Innenwelt.* Vandenhoeck &
Ruprecht, Göttingen.

Ciompi, L. (1997): *Die emotionalen Grundlagen des Denkens. Entwurf einer fraktalen Affektlogik.* Vandenhoeck &
Ruprecht, Göttingen.

Conrad, K. (1966): *Die beginnende Schizophrenie.* 2. Auflage,
Thieme, Stuttgart.

Finzen, A. (1998): *Das Pinelsche Pendel.* Edition Das Narrenschiff, Bonn.

Fonagy, P. und M. Target (2001): »Mentalisation und die sich
ändernden Ziele der Psychoanalyse des Kindes«. *Kinderana-
lyse* 9, 229–244.

Friedell, E. (1927): *Kulturgeschichte der Neuzeit.* C. H. Beck,
München.

Graichen, J. (1973): »Teilleistungsschwächen, dargestellt am
Beispiel der Sprachbenutzung«. *Zeitschrift für Kinder- und
Jugendpsychiatrie* 1, 113–143.

Graichen, J. (1979): »Zum Begriff der Teilleistungsstörungen«. In: R. Lempp (Hrsg.), *Teilleistungsstörungen im Kindesalter.* Huber, Bern/Stuttgart/Wien, S. 43–62.

Grossman, D., zitiert nach *Die Zeit* Nr. 8, 2000.

Haas, V. (1996) in: *Die Zeit* Nr. 50, 1996, S. 5.

Habermas, J. (1999): *Wahrheit und Rechtfertigung.* Suhrkamp, Frankfurt am Main.

Häfner, H. (2000): *Das Rätsel Schizophrenie.* C. H. Beck, München.

Haffner, S. (2000): *Geschichte eines Deutschen. Die Erinnerungen 1914–1933.* DVA Stuttgart/München.

Haken, H. (1988): *Erfolgsgeheimnisse der Natur. Synergetik. Die Lehre vom Zusammenwirken.* Ullstein, Frankfurt am Main/Berlin.

Held, K. (1990): *Treffpunkt Platon.* Reclam, Stuttgart.

Herbert, U. (2001): *Best. Biographische Studien über Radikalismus, Weltanschauung und Vernunft 1903–1989.* Verlag J. H. W. Dietz Nachf., Bonn.

Holzhey-Kunz, A. (2001): »Psychopathologie auf philosophischem Grund: Ludwig Binswanger und Paul Sartre«. *Schweizer Archiv für Neurologie und Psychiatrie*, Vol. 152, S. 104–113.

Hyvärinen, L. (1998): www.lea-test.fi

Jaynes, J. (1993): *Der Ursprung des Bewußtseins.* Rowohlt, Reinbek.

Jones, E. (1960): *Das Leben und Werk von Sigmund Freud*, Band I. Huber, Bern/Stuttgart.

Kanner, L. (1943): »Autistic disturbances of affect contact«. *Nervous Child* 2, 217–250.

Keilson, H. (1979): *Sequentielle Traumatisierung*. Enke, Stuttgart.

Keilson, H. (1998): *Wohin die Sprache nicht reicht*. Gießen.

Keilson, H. (2001): »Sieben Sterne ... (Meine) Geschichte zur Sprache gebracht«. In: M. Leuzinger-Bohleber und W. Schmied-Kowarzik (Hrsg.), *»Gedenk und vergiß – im Abschaum der Geschichte«*, edition diskord, Tübingen, S. 217–229.

Keppler, K., R. Lempp, D. Paschedag, H. E. Rebmann und R. Rupps (1979): »Die frühkindliche Anamnese der Schizophrenen«. *Nervenarzt* 50, 719–724.

Kershaw, I. (1999): *Hitler, 1889–1936*, DVA, Stuttgart.

Kershaw, I. (2000): *Hitler, 1936–1945*, DVA, Stuttgart.

Kimura, B. (1971): »Mitmenschlichkeit in der Psychiatrie«. *Zeitschrift für klinische Psychologie und Psychotherapie* 19, 3–13.

Klein, Melanie (2001): *Das Seelenleben des Kindes*. 7. Auflage, Klett-Cotta, Stuttgart.

Klosinski, G. (1985): *Warum Bhagwan? Auf der Suche nach Heimat, Geborgenheit und Liebe*. Kösel, München.

Klosinski, G. (Hrsg.) (1995): *Macht, Machtmißbrauch und Machtverzicht im Umgang mit Kindern und Jugendlichen*. Huber, Bern/Göttingen/Toronto/Seattle.

Klosinski, G. (1996): *Psychokulte. Was Sekten für Jugendliche so attraktiv macht.* C. H. Beck, München.

Klosterkötter, J. (1989): »Wandlungen im Paradigma der Psychopathologie«. *Nervenarzt* 60, 319–331.

Kopelew, L. (1983): *Und schuf mir einen Götzen.* 4. Auflage, dtv, München, S. 404.

Larbig, W. (1982): *Schmerz.* Kohlhammer Verlag, Stuttgart.

Leicht, R. (2001): »Alles Verhandlungssache«. *Die Zeit* Nr. 22, 23. 5. 01, S. 5.

Lempp, R. (1977): *Jugendliche Mörder.* Huber, Bern/Stuttgart/Wien.

Lempp, R. (1979): *Extrembelastung im Kindes- und Jugendalter.* Huber, Bern/Stuttgart/Wien.

Lempp, R. (1986): *Familie im Umbruch.* Kösel, München.

Lempp, R.(1987): »Reifung und Ablösung als lebenslange Aufgabe und als pathogene Problematik in ihrer gesellschaftlichen Abhängigkeit«. In: R. Lempp (Hrsg.), *Reifung und Ablösung.* Huber, Bern/Stuttgart/Toronto, S. 161–172.

Lempp, R. (1988): »Gibt es eigentlich psychotische Symptome?« *Acta paedopsychiatrica* 51, 172–177.

Lempp, R. (1989): »Die psychiatrische Forschung und exakte Naturwissenschaft«. *Acta paedopsychiatrica* 52, 204–208.

Lempp, R. (1990): »Zur Psychopathologie scheinbar unverständlicher Tötungsdelikte von Jugendlichen und Heranwachsenden«. In: H.-J. Kerner und G. Kaiser (Hrsg.), *Kriminalität – Persönlichkeit, Lebensgeschichte und Verhalten. Festschrift für Hans Göppinger zum 70. Geburtstag.* Springer, Berlin/Heidelberg/New York/London Paris/Tokyo/Hongkong. S. 265–273.

Lempp, R. (1992a): *Vom Verlust der Fähigkeit, sich selbst zu betrachten.* Huber, Bern/Göttingen/Toronto.

Lempp, R. (1992b): »Das Lachen des Kindes. Das Lachen in der psychischen Entwicklung«. In: Th. Vogel (Hrsg.), *Vom Lachen.* Attempto Verlag, Tübingen, S. 79–92.

Lempp, R. (1993): »Mord und Totschlag. Die Motive Jugendlicher und Heranwachsender«. In: N. Leygraf, R. Volbert, H. Horstkotte und S. Fried (Hrsg.), *Die Sprache des Verbrechens – Wege zu einer klinischen Kriminologie.* Kohlhammer, Stuttgart/Berlin/Köln, S. 7–12.

Lempp, R. (1995a): »Gut und Böse – wir urteilen noch wie die Kinder«. *Neue Sammlung* 35, Heft 1/1995, 123–126.

Lempp, R. (1995b): »Ist Erziehung Strafe? – Strafe statt Erziehung oder Erziehung statt Strafe?« In: M. Günter (Hrsg.), *Täter und Opfer. Aktuelle Probleme der Begutachtung und Behandlung in der gerichtlichen Kinder- und Jugendpsychiatrie.* Huber, Bern/Göttingen/Toronto/Seattle 1995, S. 16–31.

Lempp, R. (1996a): *Die autistische Gesellschaft.* Kösel, München.

Lempp, R. (1996b): »Die ontogenetische und die phylogenetische Regression als psychopathogenetisches Prinzip«. *Fundamenta Psychiatrica* 10/1996, 144–147.

Lempp, R. (1997): »Die Kinder- und Jugendpsychiatrie – eine Randerscheinung, ein Spezialgebiet oder die Grundlage der allgemeinen Psychiatrie?« In: Wiedemann und G. Buchkremer (Hrsg.), *Mehrdimensionale Psychiatrie*. Gustav Fischer, Stuttgart/Jena/Lübeck/Ulm, S. 23–34.

Lempp, R. (1998): »»Was damals passierte, kann man nicht beschreiben‹. Der gescheiterte Bewältigungsversuch eines in der Kindheit verfolgten Juden und seine späte Therapie«. Forum der Psychoanalyse 14, 52–65.

Lempp, R. (1999): »Die Gleichberechtigung des Kindes?« In: B. v. Behr, L. Huber und M. Wolff (Hrsg.), *Perspektiven der Menschenrechte*. Moderne Geschichte und Politik Band 15, Peter Lang, Frankfurt am Main, S. 171–187.

Lempp, R. (2001a): »Kind und Kunst. Standbein – Spielbein«. *Museumspädagogik aktuell* 59, 33–35.

Lempp, R. (2001b): »Lernen von den Überlebenden«. *psychosozial 24*, Nr. 83, S. 67–72.

Loch, W. (1967): *Die Krankheitslehre der Psychoanalyse*. Hirzel, Stuttgart.

Loch, W. (1972): *Zur Theorie, Technik und Therapie des Psychoanalyse*. Conditio humana. S. Fischer, Frankfurt am Main, S. 226.

Loch, W. (2001): »*Mit Freud über Freud hinaus*«. *Ausgewählte Vorlesungen zur Psychoanalyse.* edition diskord, Tübingen, S. 29 ff.

Lüscher, K. und B. Pajung-Bilger (1998): *Forcierte Ambivalenzen.* UVK, Konstanz.

Mahler, M. S. (1979): *Symbiose und Individuation.* Bd. 1, *Psychosen im frühen Kindesalter.* Klett-Cotta, Stuttgart.

Matt, P. von (2001): »Die psychoanalytische Dichter-Theorie«. In: P. von Matt, *Literaturwissenschaft und Psychoanalyse.* Reclam, Stuttgart, S. 93–128.

Müller, Ch. (1998): *Wer hat die Geisteskranken von ihren Ketten befreit?* Edition Das Narrenschiff, Bonn.

Papoušek, H. und M. Papoušek (1990): »Frühe Eltern-Kind-Interaktionen und ihre Bedeutung für die kindliche Entwicklung«. *Der Kinderarzt* 21, 191–194.

Piaget, J. (1926): *La représentation du monde chez l'enfant.* Presses Universitaires de France; deutsch (1978): *Das Weltbild des Kindes.* Klett, Stuttgart.

Poustka, F. (1995): »Kinderpsychiatrie und Genetik«. *Zeitschrift für Kinder- und Jugendpsychiatrie* 23, 239–242.

Prechtl, H. F. R. (1980): »The optimality concept«. *Early Human Development* 4, 201.

Resch, F. (1996): *Entwicklungspsychopathologie des Kindes- und Jugendalters.* Beltz, Weinheim.

Rohde-Dachser, Ch. (1982): *Das Borderline-Syndrom*. 2. Auflage, Huber, Bern/Stuttgart/Wien.

Rühl, D., S. Bölte, F. Poustka (2001): »Sprachentwicklung und Intelligenzniveau beim Autismus. Wie eigenständig ist das Asperger-Syndrom?« *Nervenarzt* 72, 535–540.

Scharfetter, C. (1995): »Welten des Bewußtseins und ihre Kartographen«. *Curare* 18, 161–171.

Scharfetter, C. (2000): *Was weiß der Psychiater vom Menschen?* Huber, Bern/Göttingen/Toronto/Seattle.

Schneider, K. (1950): *Klinische Psychopathologie*. Thieme, Stuttgart.

Schulte, W. (1961): »Nichttraurigseinkönnen im Kern melancholischen Erlebens«. *Nervenarzt* 32, 314–320.

Der Spiegel (2001): Nr. 41 vom 8. 10. 01, S. 68.

Spitzer, M. (1996): *Geist im Netz*. Spektrum Akademischer Verlag, Heidelberg/Berlin/Oxford.

Takanashi, A. (1999): *Psychotische Symptome bei Personen mit Intelligenzminderung*. Inaugural-Dissertation, Tübingen.

Tölle, R. (1999): *Psychiatrie*. 12. Auflage, Springer, Berlin/Heidelberg/New York/London Paris/Tokyo/Hongkong.

Tolstoi, Leo N. (1990): *Krieg und Frieden*, Band 2. dtv, München, S. 1492.

Veldman, F. (1996): *Haptonomie. Die Wissenschaft von den*

Grundlagen der Affektivität. Centre International de Recherche et de Développement de l'Haptonomie – Oms 66400 Céret.

Williams, C. A., H. Angelman, J. Clayton-Smith, D. J. Driscoll, J. E. Hendrickson, J. H. Knoll et al. (1995): »Angelmansyndrome – consensus for diagnostic criteria«. Angelman Foundation. *American Journal of Medical Genetics* 56, 2, 237–238.

Winnicott, D. W. (2000): *Vom Spiel zur Kreativität.* 10. Auflage, Klett-Cotta, Stuttgart.

Wolf, R. (1999): *Werden Autisten psychotisch? Zur Symptomatologie schwerer psychischer Krisen bei Autisten im Jugendalter.* Inaugural-Dissertation, Tübingen.

Wolfensberger-Hässig, Chr. (1974): *Verhaltensforschung im Kinderzimmer.* Goldmann, München.

Züblin, W. (1969): *Chromosomale Aberrationen und Psyche.* Karger, Basel/New York.

Beate Hermelin:
Rätselhafte Begabungen
Eine Entdeckungsreise in die faszinierende Welt
außergewöhnlicher Autisten
2002. 239 Seiten, gebunden, 10 Farb- und 17 schwarz/weiß-Abbildungen
ISBN 3-608-94346-3

»Der Text ist großartig erzählt und zeigt Beate Hermelins großes
Engagement und ihre Leidenschaft für dieses Thema. Beate
Hermelin steht für gründliche und wegweisende Forschung, die
aber auch immer das Menschliche berücksichtigt. Ihr Buch ist –
einfach gesagt – wunderbar geschrieben und wird, da bin ich
sicher, eine breite Spanne von Lesern ansprechen und faszinieren.«
Oliver Sacks

Arnold A. Lazarus / Clifford N. Lazarus:
Der kleine Taschentherapeut
In 60 Sekunden wieder o.k.
Aus dem Amerikanischen von Christoph Trunk
7. Aufl. 2002. 259 Seiten, broschiert, Lesebändchen, ISBN 3-608-91972-4

In knapper, prägnanter Form präsentieren Arnold und Clifford
Lazarus 101 Tips, um uns psychisch fit zu halten. Auf
pragmatische, mitunter auch unkonventionelle Weise führen sie
einfache Techniken vor, in verschiedensten Bereichen des
Alltags, ob in der Beziehung, im sozialen Leben oder im Beruf,
besser klarzukommen.
Die Botschaft ist einfach: Wir können viel mehr in unserem
täglichen Verhalten und somit unserem Wohlbefinden verändern,
als wir glauben. Die Autoren zeigen, wie wir uns von falschen
Erwartungen, destruktiven Ideen, negativen Emotionen befreien –
kurz, wie wir in einer verrückten Welt kühlen Kopf bewahren,
mit Zuversicht wir selbst sein und so tagtäglich zum Architekten
eines besseren Lebens werden können.

Klett-Cotta